Spazierklänge

ästhetisch-philosophische Ansätze

Bibliografische Information der Deutschen Nationalbibliothek: Die Deutsche Nationalbibliothek verzeichnet diese Publikation in der Deutschen Nationalbibliografie; detaillierte bibliografische Daten sind im Internet über dnb.dnb.de abrufbar.

Herstellung und Verlag: BoD – Books on Demand, Norderstedt
ISBN: 9783755756286

Spazierklänge ist ein fortschreitendes Projekt von Holger Maik Mertin und Volker Kühl, in welchem wir Spaziergänge und Klangexperimente miteinander verweben. Wälder, Parks, aber auch urbane Räume und sogar ein militärischer Ort werden zu Percussioninstrumenten. So betreten, bespielen, durchschreiten, durchschlendern und eignen wir uns die Räume an. Unsere Spazierklänge sind zeitlich und örtlich unbegrenzt. Die Themen wie auch Percussion-Pattern folgen unserer Inspiration oder Assoziation.

Zunächst unter dem Eindruck des ersten Lockdowns der Corona-Pandemie in Deutschland entstanden, wirkt das Projekt weiterhin in uns nach. So nutzten wir zunächst die politisch angeordnete Stille als Reflexionsfläche und Kulisse. Wir bemerkten, dass unsere eigenen Geräusche – Gehen, Sprechen, Atmen – jetzt viel präsenter und greifbarer waren - und unser Zuhören und künstlerisches Handeln sich intensivierte. In den Lockdowns bewegten wir uns stets im Rahmen der vorgegebenen politischen Beschränkungen meist zu zweit.

Aus der kontemplativen, expansiven und forschenden Form des Gehens sind Texte entstanden, die gesellschaftliche Kontexte reflektieren. Wie eine Kleckerburg werfen sich diese übereinander, fließen ineinander: Aktionismus, Eleganz, Langsamkeit, Musik, Kapitalismus, Raum, Klang, Minimalismus, Performance, Klang, gesellschaftliche Bewegung und Transformation. Die Themen sprudeln beim Eintauchen in unser Umfeld hervor. Wir loten dabei seine Möglichkeiten aus, versuchen, dessen Gestalt zu verstehen, dessen Infrastrukturen zu entdecken und zu erspüren. Die Unbegrenztheit der Spazierklänge sollte der spürbaren Fülle entsprechen.

Die Form der Texte musste der Essay sein, da Essays die vielfältigen thematischen wie auch stilistisch freien Gedanken auffangen können, die offen, assoziativ, tiefgehend, intensiv, frei, in Rhythmus und Klang variabel sind. Außerdem spiegeln sie die Unabgeschlossenheit unseres Projektes wider. So sind sie manchmal grüblerisch und figurativ und dann auch theoretisch analytisch.

Sowohl die thematische Auseinandersetzung als auch die eigentlichen Spazierklänge haben unsere jeweilige Lebensveränderung grundlegend beeinflusst. Sie sind uns zu einem Lebensprinzip und einer Methode geworden. Wir bewegen uns anders. Wir planen anders. Gesellschaftliche und individuelle Prozesse wie Getriebenheit, Kurzweiligkeit, Wahrnehmungskultur, Räume, Emotionalität, Entfremdung von der Natur, maschinelle Durchwirkung der Lebenspraxis gestalten wir so für uns neu.

Holger und ich haben unterschiedliche Geschichten, die unterschiedliche Stimmen hervorbringen. Die Spazierklänge gemeinsam erfahren zu dürfen, war für uns beide wie eine Offenbarung. Da trafen zwei sehr enge Freunde aufeinander, von denen der eine eher aus der performativen, klangschaffenden, aktivistischen Praxis kommt, während der andere eher auf eine schriftstellerische, philosophische wie auch sportliche Erfahrung zugreifen kann.

Biografien

Volker Kühl: Volker - ein philosophierender Sport-Freak, leidenschaftlicher Musik&Kunst Connoisseur, aktivistischer Veganer und aktiver Menschenfreund. Er studierte Philosophie und Deutsch in Berlin... da kommt er auch her. Und dann arbeitete er als alles Mögliche... Vor Allem für circa fünf Jahre in Italien und einer spanischen Insel als Gymnasial-Lehrer. Danach unterrichtete er hauptsächlich in Nordrhein-Westfalen. In 2021 ließ er das deutsche Schulsystem und seinen Beamtenstaus hinter sich und zog mit seiner Partnerin von Köln ins spanische Tarragona.

Volker, ein großer Fußball-Fan, fühlt sich von dem Geld-geprägten, Ungleichheit produzierenden „großen" Sport abgestoßen und hat daher vor allem dem von UEFA und FIFA gestalteten Erstliga-Fußball den Rücken zugedreht. Er lebt ein Leben, das Minimalismus-Aspekte und Nachhaltigkeits-Aspekte zusammenbringt und schreibt darüber. Zwei abgefahrene Experimental-Romane hat er übrigens auch schon veröffentlicht!

Veröffentlichungen: „Stille", „Palimpsest"

In Vorbereitung: „der schaukelnde Peperinello"

Holger Maik Mertin: Holger hat in Köln Musikethnologie studiert und ist dann lange als freiberuflicher Musiker unterwegs gewesen. Ferner hat er als Kolumnist, Dozent und Musiklehrer nahezu immer im interdisziplinären Raum gearbeitet.

Heute würde ich ihn vornehmlich als Klangkünstler und Klangexperimenteur beschreiben. Dabei geht er in seinen Performances wie auch in seiner Lebensführung an die Schnittstelle der Utopiebildung wie auch der

Nachhaltigkeitsforschung beziehungsweise des Nachhaltigkeitsaktionismus, ohne sich in feste Rahmen gießen zu lassen. Seine Performances sind intensiv und empfindungsstark, manchmal verstörend, manchmal auf dem Punkt und meistens fragend.

Für Recherche- und Aktionsarbeiten hat er seinen festen Wohnort in Deutschland aufgegeben und ist seit Oktober 2020 mit leichtem Gepäck unterwegs. So zog er unter anderem nach Istanbul, Pristina, Kapstadt. Holger erforscht dabei soziale Zusammenhänge, geschichtliches Erbe sowie traumatische Beziehungen. Die Orte werden dabei selbst zum Instrument, indem er sie transformiert, bespielt, interpretiert oder hörbar macht.

Zu Veröffentlichungen von Holger siehe, bitte: https://www.holger-maik-mertin.com/

Inhaltsverzeichnis

Bei: Olpe - Neuanfang

Ein kurzes Schlüsseldrehen und der Motor stoppt. Ein leichtes Sirren flirrt noch durch den Raum, dann wird es still.

Wir schalten das Auto aus. Wir haben nur leicht abseits der Landstraße geparkt.

Unser Gespräch endet. Gerade noch hatten wir relativ flüssig, wenn man so sagen kann, über Jazz, hier im Speziellen mit besonderem Akzent auf den Stil New Yorker Jazzer, gesprochen. Aber mit der CD schweigen nun auch wir. Ich weiß noch, wie ich mich beschwert habe, dass man für den Bassisten extra Raum schaffen muss, damit er als Solist gelten kann. Das blieb in der Luft hängen.

Die Sonne scheint durch das Gehölz, unter dem wir im Auto sitzend, stehen. Es wirft leichte Muster durch die Windschutzscheibe. Sanft bewegen sie sich. Es sind geschmeidige Bewegungen, nur ein leichtes Hin und Her. Das Geräusch der Blätter wird genauso sanft sein. Stelle ich mir vor. Das helle sich überlagernde Grün der Blätter wird dieses Geräusch auffangen und umschmeicheln. Es gleitet leicht durcheinander, deutet ein Anschmiegen und eine besondere Form der Symmetrie oder Entsprechung an.

Es gibt nichts zu sagen. Dieser Moment wirkt wie eine Zäsur. Beide folgen wir der Stille. Dabei wäre es gelogen, dass es still ist. Vielmehr drängt eine Fülle auf uns ein, die wir noch nicht fassen können, oder die uns noch entgleitet, in die wir noch nicht eintauchen, obschon sie uns umspült. Still ist es nicht. Auch schweigen tun wir nicht. Wir lauschen, aber es finden viele Geschichten gleichzeitig statt. Gespräche, die nur teilweise genauso gehalten wurden, bewegen sich auf uns zu und in uns. Vielleicht sogar über New Yorker Jazzer, aber sicherlich über Meinungen, Utopien, Bücher, Philosophie, Musik und Klang und Stille, Lautstärke und Krach, lernen und lehren, Aufbruch und Bewahrung, Macht, Gemeinsamkeit und

Abgeschiedenheit und natürlich über Liebe. Wir sind nicht dialektisch unterwegs, sondern stets vorsichtig – manchmal aber auch radikal, entschieden, kompromisslos – abwägend auf einer Leiste der Zwischentöne. Wir versuchen uns in selbstbewusster Demut. Dabei verschieben wir Regler von links nach rechts oder so. Am Ende suchen wir. Wir suchen nach Sprache, aber auch suchen wir danach, die Sprache abzulegen. Wir suchen nach Tönen. Wir suchen nach Stille. Oder blicken auf die Töne in der Stille und umgekehrt.

„Los?"

„Los!"

Holger und ich steigen aus. Die Autotüren klacken, klappen. Das zweifache Geräusch ist in seiner Dumpfheit definitiv, wird aber durch eine Gummilitze gedämpft. Dennoch ist es ein Standpunkt, den man setzt, oder eine Verlautbarung, eine Klarstellung. Obschon das Auto leicht wackelt, ist die Resonanz stumpf und kurz. Auf gewisses Weise ist es furchtbar bekannt.

Schritte

Die ersten Schritte kreisen noch um das Auto, lassen uns unsere Taschen nehmen. Die Heckklappe wird geöffnet. Dann fällt sie wieder zu. Wir greifen auch noch etwas vom Rücksitz. Alles ist festes und definitives Zupacken. Dann klickt die Verriegelung des Autos.

Der Boden ist sandig, durchzogen von einzelnen kleinen Steinen. Der Staub macht gewiss auch ein leichtes Geräusch, wenn er wieder auf den Boden gleitet. Kann ein Käfer das hören?

Nur einmal knackt ein dünner Ast unterm Schuh.

Jetzt trägt uns der Wind den leichten Klang der Blätter zu. Wir vernehmen ein grobes Rauschen wie auch ein leichtes Flattern.

Weiterhin brummen die Autobahn und die Landstraße in unterschiedlichen Intervallen wie auch Frequenzen.

Das Gehen erzeugt ein Schaben, dass gleichsam gleichmäßig, getragen durch unsere Schrittfrequenz, aber auch mit jedem Schritt unterschiedlich, durch die unregelmäßige Bodenstruktur, ist. Sandwölkchen stieben auf, kleine Steine kollern. Bisweilen spielen wir auch mit diesem Kollern. Aber die Klänge sind in einem punktuellen akzentuierten musikalischen Sinne kaum intendiert. Performance sind sie sowieso.

Der Weg schlängelt sich zunächst an ungestalteten Rasenflächen vorbei, bis wir in ein Waldstück eintreten. Hier nun befinden sich mehr Laub sowie weitere Äste und Tannenzapfen auf dem Weg. Wir versuchen, dem Autogeräusch etwas zu entkommen, folgen dem Weg also weiter in den Wald, bis wir zu einer interessanten Ansammlung an gesunden wie auch kaputten und toten Bäumen kommen. Die Struktur spricht uns im Besonderen an, weil die Bäume zum Teil schräg oder auch plan liegen. Sie erinnern uns entfernt an Musikinstrumente. Später sollte uns diese Erinnerung immer mehr stören, denn genau davon wollten wir uns ja befreien. Wir wollten mit einem jungfräulichen Auge durch die Natur gehen. Auch von Werbephantasien wollten wir uns frei machen und ablösen.

Wir spielen nicht gleich los. Wir sitzen. Wir reden über Utopie, glaube ich.

Ich befühlte die Rinde eines schief in einem anderen Baum verkeilten Baumes, die unterschiedlich stark abgeblättert war, mit meinen Fingern. Der Baum war leicht mit Moos bewachsen. Hier und dort gab es Fährten von Insekten, die sich an ihm gütlich getan hatten. Meine Finger erzeugten ein rauchiges, stumpfes Krächzen und Klopfen. Holger war in seine Gedanken vertieft und schaute mir zu. Ich mochte es, wie sich der Baum anfühlte. Er war geduldig, wippte leicht unter meinen Berührungen. Ein bisschen Staub fiel von ihm ab. Auch ein bisschen Moos.

Ich nahm mir Holzrods (glaube ich) und versuchte, frei drauf loszuspielen. Ich weiß nicht mehr, was ich gespielt habe, nehme mir das gemachte Video. Ich versuchte, mich von den alten Mustern, den Sachen, die ich „immer" spiele, loszumachen, ich versuchte, zunächst tatsächlich keine Muster auftauchen zu lassen. Sticktechnik, Haltung, Rhythmus, Zusammenhang sollten sich wieder neu finden. Und gleichzeitig war ich mir bewusst, dass das gerade Gespielte hier bleiben würde. Der Baum würde es schlucken. Dann versuchte ich verschiedene Sticks aus. Die schönsten waren die leisesten. Es waren Gong-Sticks, die Holger mitbrachte. Die Töne verschwanden hinter den Bewegungen.

Es tat sich vor mir ein riesiges Feld auf, das ich bei weitem nicht auszuloten wusste. Aber es war wundervoll, wie kindlich ich mich diesem nähern konnte und in ihm herumtapsen konnte. Die Erwartungshaltung fiel von mir ab. Blicke ließen mich unberührt. Aufgespannt zwischen Tempo, Kontrolle, Artikulation, Zufall, Intention, Spiel, Feinheiten, Lautstärke, Toneigenschaften, Geschwindigkeiten, Aussagen, Räumlichkeiten. Aber ich spürte auch Holger und mich dort. Unsere Geschichte. Die Wege, die uns verbinden und trennen. Die Autobahn in meinem Rücken, die mich lautlich umwölkte. Jeder Schlag wurde für mich zu einem schwangeren Wunderwerk und war mir gleichsam unmöglich und wundervoll leicht. Mit der Zeit kann ich beim Trommeln wie in die Umgebung eintauchen. Es wird meditativ. Das gelingt mir nicht immer. Holger sagt, dass auch das eine Form der instrumentalen Technik ist. Er würde das allerdings anders ausdrücken.

Nach und nach wurde mir bewusst, dass alle meine Bewegungen Teil des Instruments waren. Meine Schritte, meine Hose machten auch einen Sound, der sich natürlich hinzufügte. Um diese unhörbar zu machen, musste ich stillstehen. Doch diese Form der Stille wollte ich gerade nicht. Also spielte unter anderem das Laub mit. Spielte ich die Gongschlägel mit ihrem Kopf, war das Laub sogar das einzig wirklich hörbare Instrument. In der Videoaufnahme hört man auch den Wind und Holgers Schritte.

Später an diesem Tag sollten wir uns daraus einen Spaß machen, indem wir uns einen laubübersäten Hang hinuntertreiben ließen.

Das Ende meiner Performance war für mich schwierig, zu finden. Dann war es schließlich eine Mischung aus einer gewissen Erschöpftheit mit einem einhergehen Gefühl des Ausgespieltseins (Ich hatte den Baumstamm wie die Turner am Seitpferd einmal auf- und abgespielt.) und der einsetzenden redundanten Wiederholung. Ich setzte mich zu Holger auf den Boden. Wir betrachteten den Baum und sein Leben. Der Baumstamm erzählte Geschichten. Auch ohne uns.

Holger entdeckte einen Ast mit mehreren heraufragenden kleineren Ästchen, auf denen er mit verschiedenen Holzsticks spielt. Er entlockt dem Ast eine Million verschiedene Töne, bringt sie in eine Reihenfolge, um sie daraufhin wieder aufzubrechen. Laub raschelt. Er lässt die Sticks pendeln, rutschen, streichen, schlägt seitwärts, aufwärts, abwärts. Sein Körper spielt mit. Es zeigt sich Liebe, Freude, zu dem was ihn umgibt. Aber es zeigt sich auch Wut. Die Schläge werden firmer, härter, abgehackter. Der Ast bebt. Ich bin total fasziniert. Holgers Spiel ist gleichzeitig Experiment und Aussage.

Er beendet nach vielen Minuten seine Performance mit einem tiefen Ausatmen. Hat er die ganze Zeit die Luft angehalten? Er lächelt, weil er mich als Freund mit ihm dort sieht. Die Natur hebt unsere Freundschaft auf ein neues Niveau.

Seine Performance wird diesen Ort nicht verlassen. Ich bin super froh, dies gesehen und gehört zu haben. Es ehrt mich, sein einziger Zuschauer zu sein.

Als Lehrer sagte Holger häufiger zu mir: „Sei dir klar, was du sagen möchtest." Ich habe nicht immer eine Antwort. Ich erinnere mich an einen Autor aus einem meiner Romane, der sagt: „Ich will genau das sagen." Aber klar, mein Trommeln ist oft Kauderwelsch. Man spürt meine Unsicherheit, meine Ungeschliffenheit.

Unseren Klangausflug beendeten wir (Wir fuhren danach noch Eis essen.) auf einer größeren Wiese, auf der ich laufend Kreise zog, die Holger nicht hören konnte. Für mich fühlten sie sich stimmig an und ich hörte das leichte Rauschen an meinen Beinen, spürte die Vibrationen meiner Schritte natürlich im Körper. Aber vielmehr bildete sich die Musik in meinem Kopf. Natürlich wollte ich auch wissen, wie es für Holger war. Ohne etwas zu hören, sagte er, fühlte es sich dennoch stimmig an.
Abschließend schrien wir aus Leibeskräften, wie man so schön sagt. Es war phantastisch! Aber leider auch eine Überwindung. Und anstrengend. Ich hatte direkt Angst, meine Stimme zu verlieren.

Spazierklänge

Unser Projekt-Name „Spazierklänge" ist schnell erklärt: Es ist die Kombination aus zwei gleichermaßen aktiven wie auch passiven Zugängen zu unserer Umgebung: Unsere Idee war es, zu Fuß unterwegs zu sein. Dabei wollten wir Klänge aktiv wie auch passiv erlebend spüren und erkunden.

Wir hatten vor, in erster Linie die Natur aber auch unsere Umgebung insgesamt neu für uns zu erfahren.

Für uns wurde daraus viel mehr, als das Dutzend Spaziergänge, die wir gemeinsam realisieren konnten. Das Projekt ist für uns zu einem „Lebensmotto" geworden oder eine Form von Einstellung. Es hat so viel in unser Bewusstsein gehoben, dass es immer anwesend ist: In unseren Aktionen, Büchern, Performances, Ansichten, Diskussionen, Gesprächen, in unserer Lebensführung hat es seinen Teil.

Wir sind also spaziert. Mir gefällt es mal wieder in die Etymologie zu schauen: lat. spatium 'Raum, Zwischenraum, Bahn'. Der Raum wird aber nicht durchmessen, abgemessen, vermessen, abgesteckt, beschränkt. Der Raum des Spaziergangs ist ungerichtet und unbegrenzt und in gewisser Weise amorph. Wir folgen in gewisser Hinsicht auch dem Zufall. Und haben damit schon wundervolle Klänge gefunden. Daher gehen wir ja auch zumeist an Orte, die wir niemals vorher gesehen haben. Plötzlich liegt da ein Stamm auf dem Boden, da steht ein Papierkorb, ein Baum, ist eine besondere Wand. Schlendern und streunen können wir für „spazieren" einsetzen und ich finde es geradezu wunderbar. Streunen klingt kreativ, frech und hinterlässt ein produktiv spielerisches Gefühl. Leider ist es durch die Konnotation des Vagabundierens in Verruf geraten. Schlendern ist so phantastisch ungerichtet, gedankenlos, beschaulich (Siehe www.dwds.de). Gegen die beiden Begriffe klingt „spazieren" fast sperrig. Aber es enthält wie gerade gesehen den Raum. Der Raum ist noch ungestaltet, auch wenn die Infrastruktur gelegt ist. Auch verändert das Spazieren ihn nicht. Spazieren ist nicht invasiv. Dennoch ist es eindrücklich. Eigentlich müssen wir sagen: Kann es eindrücklich sein. Es ist wie ein Schwebzustand des Bewusstseins.

Auf unseren Spaziergängen waren unabhängig vom Ort bestimmte Klänge nahezu immer zugegen. So die Laute von Autos. Immer wieder auch andere Transportgeräusche, die allerdings in ihrer Intensität nicht so stark waren. Natürlich ist ein Flugzeug verdammt laut, aber in seiner Anzahl (Wir sprechen hier auch aus dem Lockdown heraus.) bei weitem nicht so hoch wie dies beim Auto ist. Ebenso ist dies mit Zügen, obwohl die in ihrer Präsenz näher sind, aber dennoch nicht so intensiv wirken wie dies Flugzeuggeräusche tun. Autos hingegen schaffen in unserer Lebensumgebung eine beständige Lautpräsenz. Somit stehen andere Töne und Klänge immer im Verhältnis zu den Autos. Es war nicht einfach, Stille zu finden. Die Berge sind gut hierfür.

Es ist mittlerweile eine Binsenweisheit, dass wir immer von akustischen Reizen umgeben sind. Aber man müsste genauer sein und im Sinn John Cages sagen, es ist niemals still (Siehe Cage: Silence). Aber was umgibt uns? Trägt das uns Umgebende immer eine Information? Und: Ist das, was da ist, tatsächlich auch ein „Umgeben"? Vielmehr ist es doch ein Wechselspiel aus Durchdringen, Umgeben, Vorbeifliehen, Vorbeirauschen, Eindringen, Überwältigen, Einschmeicheln. Akustische Wellen. Klangsphäre, deren äußere Begrenzung zunächst nur mit Hilfe des Sehens verstanden werden kann. Später entwickelt sich daraus auch ein akustisches Verständnis, das ferner akustische Signal in Außen und Innen unterscheiden kann. Jedes dieser Signale weist eine Vielzahl an Charakteristika auf, die ihrerseits Information bedeuten. Die Interpretation dieser lässt schlussendlich eine Orientierung zu. In Folge wird dann bewertend von den Eigenschaften gesprochen: Krach, Geräusch, Laut, Rauschen, Klang, Ton.

Dabei ist jedes mutmaßliche Einzelphänomen immer im Verbund zu betrachten. Daher der Begriff Sphäre. Die Eigenschaften ergeben sich also nicht in einem absoluten Raum, sondern in Kombination Abhebung, Kontrastierung. Es gibt Signale, die kontrastiv oder gar komplementär sind. Das Signal da herauszulösen, wird weder ihm noch der Klangsphäre gerecht. Selbst im diagnostischen Sinne stoßen wir auf diese Weise an unsere Grenzen bzw. verzerren unser Untersuchungsergebnis.

Unsere Spazierklänge versuchen ganz besonders dieser Struktur Respekt zu erweisen, indem wir versuchen, die Sphäre zu erspüren, sinnlich zu durchdringen, aufzunehmen und zu gestalten. Jedes Signal ist uns ein wertzuschätzender Klang oder gar ein Ton im musikalischen Kontext. Es ist ein Spiel, dass das Vorbeirauschen verhindert, als schlichen wir uns in ein intuitives Orchester ein, um bald hier bald dort selbst Akzente zu gestalten.

Durch das Spazieren erhält dieses Spiel eine, wenn auch diffuse, räumliche Komponente, die den Aspekt unintentionaler Geräusche und Klänge verstärkt. Andersherum bereichern die Klänge den Spaziergang, unterfüttern ihn mit einer Ebene, die doch oft in ihrer Alltäglichkeit festklebt. Die räumliche Erfahrung wird nunmehr explizit akustisch erfahrbar. In jedem Bezug auf die akustischen Signale zeigen sich Zugänge von Nähe und Ferne. Jedes Spiel hinterfragt ferner Konzepte von Richtung, Lautstärke, Intentionalität, Gestaltung und Zufall. Im wahrsten Sinne ist hier der Gang gleichsam das Ziel (Der Begriff löst sich damit aus seiner Umklammerung des Behördengangs oder des Flurs oder gar des Stuhlgangs, „Jeder Gang macht schlank", „Gang und Gäbe".).

Das (Vorwärts-)Schreiten ist gleichsam Modulation der Klangsphäre. Es ist dabei selbst multidimensionaler Klang.

Das Spazieren haben wir auch gewählt, da es eine innerliche Freiheit ausstrahlt und daher anders klanglich durchzogen ist. Es hebt aus dem Alltag heraus, ist auf seine Weise still. Es ist eine Bewegung in einem nahezu zufälligen Ambiente akustischer Signale, die aber selbst weitestgehend tonlos ist. Spazieren ist friedlich.

Infrastruktur

Wie kommt man von Istanbul nach Südafrika?
Transportmittel, Wege, Möglichkeiten, Gebiete, Länderkunde, Sprachen, Erfahrungen …
Man fliegt. Mit dem Fliegen ist man scheinbar auf der richtigen Seite, zieht man Holgers hoffnungslose Suche nach anderen Verkehrsmitteln in Betracht. Jeder andere Weg wird als unbequem, gefährlich, unmachbar, unrealistisch, dumm angesehen. Damit wird er wie entmöglicht. Was dazu führt, dass man auch kaum Informationen hierzu findet. Hinweise gibt es allerorten, aber sie sind gespickt mit Unwägbarkeiten. Dann wird man auf Blogs, Internet-Foren etc. zurückgeworfen. Da klingelt schnell eine Aussteigermentalität auf. Es brüllt einem ins Gesicht: Du bist nicht normal. Das wäre ok, wenn nicht eine moralische Wertung mitschwingen würde. Und so möchte man zurückrufen: Dann lasst es uns normal werden lassen.
Die Diskussionen über den Versuch, einen anderen Weg einzuschlagen, entsprechen denen, die über das Essen von Tieren, der Benutzung des Autos, der Müllvermeidung, des Alkoholverzichtes und so weiter geführt werden. Es werden zum Beispiel folgende Sätze bemüht: Man könne doch mal eine Ausnahme machen, wird gesagt, „einmal ist keinmal", „das machen doch alle so", man solle sich nicht so haben, warum könne man nicht einmal das machen, was alle machen, was sei denn schon dabei, warum wolle man immer andere überzeugen, ...
Das Flugzeug ist heutzutage das schnellste und scheinbar ökonomistische Transportmittel (Die Berechnungen gehen allerdings an der Realität vorbei, weil nur selten der Transport zum Flughafen und dem Ausgangs- beziehungsweise Bestimmungsort in Rechnung genommen wird. Ferner werden andere Kosten nicht in

Kauf genommen, die durch die Legung der Infrastruktur im Sinne der Bereitstellung, Entsorgung, ökologischer Folgekosten et cetera entstehen.).

Nehmen wir also einmal an, – nur so – als wäre es eine echte Utopie, man würde sich ohne Flugzeug oder Auto (Vom Auto wird einem ja sowieso auch abgeraten.) auf den Weg machen. Von Istanbul bis nach Kapstadt sind es nahezu 11.444 km. Zu Fuß sind das folglich 2.202 Stunden (Das habe ich gegoogelt. Google gehört auch zur Infrastruktur – Google ist sogar momentan die wohl wichtigste Plattform für infrastrukturelle Fragen der allgemeinen Nutzung. Das Militär verwendet gewiss andere Möglichkeiten.), also 183,5 Tage (ein halbes Jahr) sollte man pro Tag 12 Stunden gehen. Man durchquert je nach Route eine große Vielzahl an Ländern. Jedes Land hat eigene Visa-Berechtigungen und verschiedene Rechte für die Durchreise wie auch den Aufenthalt sowie die Aufenthaltsdauer (und auch für Corona). Man durchreist Länder, die andere Währungen verwenden. Die Umtauschkurse sind wacklig, ebenso wie Einkaufsgewohnheiten und Verfügbarkeiten.

Bei den Reiseplanungen greifen die Menschen also wegen all dieser Unwägbarkeiten wie auch der mathematischen Berechnungen zum Flugzeug. Mit dieser Wahl betreten sie einen Ort, mit dem sie sich nicht „wirklich" auseinandersetzen müssen. Eine Auseinandersetzung prallt gleichsam an der Sterilität der Abfertigungen bei Flugreisen ab. Bereits die Flughäfen wie auch die sich um sie drehenden Straßensysteme zwingen die Handlungen der Gäste in eine eiserne Choreografie.

Das gilt ebenso für das Verhalten in der Flugzeugkabine.

Selbst der Ticketverkauf unterliegen dem Gesetz der Abfertigung. Die „Onlinisierung" steigert dies. Es führt zu einer Kluft der Entpersonalisierung, in der Plastikkarten realer sind als Personen. Augè, Marc: Der Nicht-Ort ist gestaltet durch Regulierungen.

Das erzeugt beim zweiten Hinsehen bei vielen Menschen eine Unruhe und sogar Angst. Die Choreografie nimmt einem die Kontrolle, bis hin zur Kontrolle über sich selbst: Das Gepäck, seine Bewegungsrechte, die Intimität bis zur körperlichen Integrität, Umgangsformen, die Kontrolle über die eigene Fortbewegung. Man ist nun vielmehr dem Flugzeug oder der Pilot*in ausgesetzt. Die Zeit, die bei der Abfertigung vergeht, ist wie eine Lücke im Leben der Menschen. Der Flug ist es zumeist auch. Die Tätigkeiten an Bord sind ja eher Übergangs- oder Übersprungshandlungen.

Die Zeit kondensiert sich im Ankommen. Das Wort ist falsch: Ankommen. Man kann im Flug die Distanz nicht spüren. Nur knapp kann man sie erahnen. Wie ist das Leben der Menschen, die man überflogen hat? (Was steckt hinter der Faszination, einen Ort von oben zu sehen? Ist das eine Machbarkeitsfaszination?) Welche Kulturen, Rituale, Sprachen, Hygieneregeln und -gewohnheiten, Individuen, Konflikte, Kriege, Feiern hat man unten liegen lassen? Wie ist die Natur? Wie begegnen die Menschen ihr? Wie bewegen sie sich in ihr?

Die Grenzen zwischen Räumen sind immer diffus. Das Fliegen schärft sie, indem es sie zu Ortsgrenzen macht. Räume gehen ineinander über, deswegen werden allerorten Mauern und Zäune gebaut. Man schafft damit Identitäten, verhindert ihren Wildwuchs. Sie werden fixiert und nicht erlebt. Dort wo der Mensch eingegriffen hat, entstehen Grenzen.

Mit dem Fliegen hat man das Potenzial zur Verräumlichung zumindest der Bewegung bereits liegenlassen. Nun verbinden der Zugang über die Flughäfen - zwei Nicht-Orte (Siehe Augè) - die Aufenthalte an zwei Orten, die man nicht immer zu Räumen machen kann. Das lässt das Fliegen stets virtuell bleiben. Daher haben viele Tourist*innen das Gefühl, dass ihre Urlaubspersönlichkeit von der eigentlichen Persönlichkeit getrennt werden kann. Ihre Taten bleiben am Urlaubsort, verändern jedoch weder ihre eigene Geschichte noch ihre Persönlichkeit. Ihnen ist der Ort egal. Daher kümmern sie sich nicht um seinen Erhalt, seine Ästhetik und um ihre eigene Einbindung beziehungsweise ihren eigenen Einfluss. Ihr Aufenthalt an diesem Ort hat keine Rückwirkung auf die Heimat der Reisenden. Dieses Netzwerk an systemischer Ignoranz entwertet die Räume, die die Menschen bisweilen in Jahrhunderten oder gar Jahrtausenden geschaffen, gestaltet, gepflegt haben, zu Anschauungs-fassaden.

Anstatt dieses Erbe zu würdigen, werden Instant-Orte geschaffen, die wie Nicht-Orte funktionieren. Dazu gehören Fastfood-Ketten, internationale Modemarken, Touristen-Supermärkte, Strandshops, Touristeninfrastruktur et cetera. Die Wege bleiben nicht nur für den Neuling am Ort befestigt, sondern auch bekannt. Es bleibt daher wenig zu entdecken, zu erfinden, zu erspüren. Zumeist wird uns mit den Dingen das gewünschte Gefühl auch direkt mitgeliefert.

Das Zufußgehen hingegen erfordert Einlassen. Es ist nicht möglich, einfach durchzuziehen. Bisweilen gibt es kaum einen Weg. Man ist in gewisser Weise der Umgebung ausgeliefert, nimmt aber gleichsam an ihr teil, solange man keine Kolonisator*innen-Mentalität mit sich trägt (Inwiefern man nicht durch die Reise sowieso im bestimmten Sinne Kolonisator*in ist, haben wir für uns noch nicht geklärt.). Darin entäußert sich die Befragung des Eigenen. Man „riskiert" – ermöglicht - eine Selbständerung.

Dieses Risiko - diese Ermöglichung - macht die Reise erst real. Das Reisen im Flugzeug (gesteigert dann, wenn es dicke Wolkendecken gibt) bleibt virtuell.

Das Flugzeug ist also nicht angebunden, sondern ist durch ein unpersönliches Anderes gestaltet. Zumeist gehört es ja gleichsam zu einer internationalen Firma (Konsortium?), die weder mit dem Abflugort noch mit dem Bestimmungsort etwas zu tun hat. Die bereisten Orte müssen den Reisenden daher bis zu einem gewissen

Grad fremd bleiben. Darin gleicht das Fliegen dem Surfen im Internet, das ja keine Wellen kennt. Ebenso wie das Surfen auf Wasser geht es hier auch nur um ein hinübergleiten. Es hat kein Festhalten in sich. Je schneller das Transportmittel ist, desto weniger spielt der Weg eine Rolle. Es blitzen nur noch die Haltepunkte auf. Zumeist ist man schon über den Ort hinaus.

Aber von allen Reisemöglichkeiten ist das Fliegen am besten organisiert, wenn auch nicht reibungsfrei. Es wird stets als naheliegend, einfach inszeniert, ist super preiswert.

Nehmen wir dem entgegen das malerische Wort „Erfahren". Das Entfalten dieses Wortes öffnet einen großen Kreis voll mit staubigen, matschigen, sonnigen Schritten, die nicht um eine Mitte kreisen.

Im Erfahren steckt der Zufall und eine anfängliche Unkenntnis. Aber auch eine Aneignung. Die Abläufe des Fliegens müssen einem fremd bleiben, da sie auch nur schwierig zu durchschauen sind, aber in keinem Fall kann man ihrer habhaft werden.

Im Laufen hingegen taucht die Umwelt detailliert wieder auf (Siehe Essay Spazierklänge). Sie wird sogar zum Teil der Reise selbst. Das Passieren erlangt Unmittelbarkeit. Die Sinneseindrücke machen aus den bereisten Gegenden Räume. Diese sind nunmehr miteinander verbunden, gehen ineinander über. Grenzen verwaschen. Die Vielzahl der Schritte wie auch deren Ungewöhnlichkeit bringen den Zufall ins Spiel.

Nun tauchen Fragen auf, die anders gelagert sind, als das Wohin.

Wie gestaltet man eine Veranstaltung?

Konzept etc., Zuschauer*innen, Raum, Strom, Versorgung, Anfahrt - Abfahrt, Sicherheitskonzept, Garderobe, Backstage, Beginn – Ende, Werbung (offline, online)

Eine Veranstaltung möchte Resonanz. Die Gestalt dieser Resonanz bestimmt nicht nur die Veranstaltung selbst, sondern auch deren gesamtes Umfeld. dabei entsteht eine Kette an Abhängigkeiten, Verantwortlichkeiten und so weiter. Man stößt auf Gesetzes- und Regeltexte, aber auch auf einen traditionellen Kanon wie auch aktuelle Wege.

Aber was wird daraus, wenn man auch die Veranstaltung selbst als integralen Bestandteil der künstlerischen Aussage versteht und nicht nur als rahmengebendes Zuwerk? Die kunstexternen Umstände (Der Begriff ist widersprüchlich und widerstrebt unserem Kunstverständnis der Spazierklänge. Er soll lediglich die Umstände benennen, die organisatorisch unumgänglich sind.) bleiben zunächst bestehen. Nun wird die Veranstaltung allerdings zu einer Reflektion ihrer selbst sowie jener Umstände. Gleichsam kann man sagen, dass die Veranstaltungen, die dies nicht berücksichtigen, eine Bestätigung des Status Quo darstellen. In diesem Fall rücken sie die Kunst in die äußerste Nähe des Marketings. Oder aber sie verletzen einen integralen Bestandteil der Kunst, der ein ständiges Hinterfragen und Nachbohren sein muss. Beim Fragen sollte es möglichst nicht bleiben. Die Kunst sollte gleichsam eine Umsetzungsstrategie inkorporieren sowie darreichen. So kann sie am Radius ihrer Wahrnehmung arbeiten, kann Medien neu definieren, kann Materialbenutzung neu bewerten, kann Ressourcen neu denken.

Holger hat dies öffentlich aufgeführt, als er in Istanbul „our analogue me" aufführte. Dabei wurde keine Elektrizität verwendet. Daher gibt es keine Aufnahmen, keine Bilder. Er stieß schnell auf Unwägbarkeiten: Wie sollten zum Beispiel Plakate gedruckt werden, wie Flyer: wie sollte die Veranstaltung also beworben werden? Internetquellen fielen ja konzeptionell weg. Die Resonanz war also auf einen unmittelbaren Zuschauer*innenkreis „beschränkt". Ich möchte nicht „beschränkt" sagen. Denn genau diese Form der Resonanz war ja gewünscht. In unseren Gesprächen zur Planung poppten immer wieder Fragen auf, die auf die genannten alten

Muster zurückführten. Das zeigte uns, wie fest die Infrastruktur Teil unserer eigenen künstlerischen Praxis sind. Gleichsam wissen wir, dass wir auf dem Weg sind. Diese Essays sollen unseren Weg aufzeigen.

In den Spazierklängen versuchen wir also alte Infrastrukturen neu zu interpretieren wie auch neu zu gestalten. Dies gilt sowohl für den künstlerischen Ausdruck, wie es Performances, Konzerte aber auch dieses Buch sind, also auch für unsere sonstige Lebensführung. Somit sind die Spazierklänge eine philosophische Praxis. Wir wollen lernen, uns von Vorgefertigtem zu lösen, dieses zu hinterfragen und wollen lernen, uns aktiv für alle Bereiche des Lebens zu entscheiden. Darin geht es nicht darum, all das niederzureißen, was es gibt, sondern darum, auch in der eigenen Aktivität zu spüren, dass vieles anders möglich ist. Es geht im guten antiken Sinne um das Maße halten. Daher verweisen wir auf bestimmte Pfade. Wir übernehmen auch bekannte Formen und interpretieren sie neu, ähnlich oder gleich. Jedes unserer Themen soll durchzogen sein von dem Gedanken über die beste Form. Wir fühlen uns wie um 100 Jahre zurückkatapultiert: Zum guten alten Nihilismus. Aber es soll uns nicht nur um Wertesysteme gehen, sondern um Lebensformen insgesamt. Natürlich haben wir einen besonderen Fokus auf das Kunst- und Kulturgeschehen und auf die Musik.

Das Schreiben ist hier auch die Möglichkeit, Praktisches zu verstehen und vorzubereiten.

Unsere Essays sind auch ein Weg dahin, diese Schritte zu gehen. Sie sind vielleicht auch ein Schritt, um eine neue Infrastruktur zu legen. Und ihr könnt uns bei unseren Überlegungen begleiten.

Praktisch haben wir in unseren ersten Spaziergängen ausgetretene Pfade der Klangerzeugung und Performance-Kunst verlassen, indem wir uns darauf beschränkt haben, auf Dinge zu stoßen. Im Sinne Holgers haben wir diese zu transformieren versucht, und im

Anschluss auch uns selbst. Und im Größeren wussten wir, dass es auch den Raum um uns transformiert, das heißt seiner gesellschaftlich gesetzten Wirklichkeit enthebt.

Was müssen wir also im Sinne der Spazierklänge machen?
Wie gestaltet man eine Performance?
Wie gestaltet man ein Buch?
Wie gestaltet man politische Teilnahme?
Wie gestaltet man Widerstand?
Wie wird man Freunde?
Wie erhält man eine Freundschaft?
Wie führt man Beziehungen?
Wie wird man nachhaltig?
Wie lebt man nachhaltig?
Wie schafft man ein Gleichgewicht?
Wie schafft man es, Maß zu halten?
Wie geht man einkaufen?
Und wie kann man dies alles miteinander verbinden?

Improvisation

Improvisation heißt: aus dem Stegreif gestalten. „Stegreif", welch wundervolles Wort. Es ist malerisch wie auch lyrisch. „Stegreif" ist besetzt mit assoziativer Wucht. Allerdings habe ich das Wort zuvor immer mit „h" geschrieben. Dabei heißt es „steigen" und nicht „stehen". Dabei steckt dahinter ein Steigbügel. Der Begriff wird wundervoll plastisch.

Aus dem Stegreif gestalten. Ein Reiter erledigt noch schnell etwas, ohne vom Pferd abzusteigen. Oder ohne zu zögern, direkt danach.

Aus dem Stegreif gestalten. Als säße man selbst in dem besagten Reif. Dabei ist es doch nur ein Fuß. Ein pars pro toto. Ist es wichtig, dass das Augenmerk auf den Fuß gerichtet wird?

Aus dem Stegreif gestalten. Etwas unvorbereitet tun oder ohne lange Überlegung (Siehe www.dwds.de). Aber manchmal auch gemeint als „mit bescheidenen Mitteln". Der Fokus liegt also auf der Ausführungsmethode und nicht auf dem gestalteten Etwas.

Aus dem Stegreif etwas in eine Form bringen. Oder eine Form hervorbringen? Übersetzen?

Aus dem Stegreif gestalten. Ein schönerer Begriff als sein lateinischer Vorgänger, der später zum heutigen Begriff „Improvisation" wurde. „Providere" bedeutet vorhersehen. „Im" ist dessen Verneinung. Nicht vorhersehen? Nicht vorhersehbar? Nicht vorhergesehen? Hier entsteht das doppelte Bild. Eines von der Sache, die im Vorhinein gesehen wird, und eines von der-/desjenigen, die/der sieht.

Aus dem Stegreif. Ich sitze also fest auf dem Pferd. Ich habe ein Tempo und ein Ziel. Ich halte nicht an, bücke mich vom Pferderücken zu einem Jungen, der gerade in mein Gesichtsfeld tritt, in abgenutzter Kleidung, um ihm noch einen Taler zuzustecken. Ich halte mich nicht auf. Ist das nicht vorhersehbar? Aber dafür muss man mich wohl eigentlich kennen. Und den Jungen auch.

Aus dem Stegreif. Nicht vorhergesehen. Aber wenn ich alle Umstände kennen würde, wäre es vielleicht schon vorab erkennbar gewesen.

Aus dem Stegreif. Beim Musikspielen, z.B. im Jazz, improvisieren die Musiker*innen. Man hält sich also grundsätzlich an die Regeln, die die notwendige Bedingung des Spieles sind. Das vermeintlich Unvorhersehbare wurde schon zuvor in Ketten geschlagen (Zu dramatisch? Geschenkt!). Das Stegreif-Spiel darf den eigentlichen Lauf nicht stören, es soll nur Motive und Themen fortführen und/oder variieren. An dieser Stelle ist die Improvisation ein „nicht-Geschriebenes". Man kann improvisierte Musik nicht spielen, man kann nur während des Spielens improvisieren.

Aus dem Stegreif gestalten. Etwas Ungestaltetes, Amorphes erhält eine Gestalt. Aber schön gesagt ist es, dies als Prozess auszudrücken und auf den Akt des Gestaltens zu referieren.

Aus dem Stegreif gestalten. In dem Moment entstehend. Die Form des Verweilens ist aber ungeklärt.

Aus dem Stegreif gestalten. Das gleichzeitige Erfinden und Aufführen von Musik. Oder das, was als Musik verstanden oder festgelegt wird, möchte man dazwischenstammeln.

Aus dem Stegreif gestalten. Die Geburtshelfer*in der Komposition.

Aus dem Stegreif gestalten. Die Improvisation wird somit als vergänglich und unwiederholbar verstanden, wobei unsere heutige Musikproduktion beide Begriffe nahezu einkassiert hat. Vergänglich ist das Gespielte nur, solange es nicht festgehalten wird. Ich sehe vor meinem inneren Auge tausende von Handy-Kameras, Fernseh-Aufnahmen, Tonmitschnitte, schlechte oder bessere Internet-Videos. Die Zeit der Improvisation scheint mir vorbei. Heute wird alles gebannt und festgehalten. Mit dieser Grenze ist naturgemäß auch die der Wiederholbarkeit gefallen. Aber mehr und mehr nähern wir uns dem Begriff an, den wir darunter verstanden wissen wollen.

Begrifflich unterstellt die deutsche Übernahme des italienischen Originals der Improvisation eine fehlende Voraussicht. In ihr gerät die Welt aus den „eigentlichen" Bahnen. Nur wem gelingt es nicht, vorherzusehen? Gilt dies nur für die Rezipient*innen oder auch für die Improvisateur*innen?

Gern darf in der Improvisation alles geschehen. Das ist selbstverständlich nicht in seiner vollen Kraft wörtlich zu nehmen. In der Improvisation muss das „Zurück" eingeschrieben sein. Worauf aber bezieht sich dann das „alles"? Was genau ist Teil des Geschehens? Diese Fragen wollten wir uns aufmachen, mit unseren Spazierklängen zu erkunden. Wie bereits im Essay „Beginn" erörtert, ist es nur schwerlich zulässig, die Grenzen des Geschehens bündig scharf abzustecken. Dennoch gibt es den Moment des Eintauchens. Die Metapher ist fürchterlich schiefgegangen. „Eintauchen" würde eigentlich bedeuten, dass man nicht Teil des Ganzen ist, sondern vom Beckenrand aus startet. Es gefällt uns auch nicht der Gedanke, dass es die Vorstellung einer Bewegung von oben nach unten evoziert. Vielleicht geht man auf. Wie die Sonne. Geht ein. Als würde man einen Raum betreten. „Man verbindet sich", ist dann vielleicht tatsächlich die passendste Formulierung (Gerade Volker hatte sich an dieser Formulierung ob ihrer spirituellen Anleihen gestoßen.). Für die, die spielt, ist es tatsächlich eine Form des Verbindens oder Verschmelzens. Das Verbinden ist da noch etwas lockerer, wenn auch nicht weniger verbindlich und mit Verantwortung ausgestattet. Das Spielen ist ein Fädenziehen zwischen sich, der eigenen Gemüts- und Bedürfnislage, der eigenen Intention und der Umgebung. Beim Verschmelzen wird eher davon ausgegangen, dass die einzelnen Bestandteile nicht mehr trennbar sind. Vielleicht ist es ja auch ein Zwischending …

Dieses Verbinden bringt es mit sich, dass das zuvor beschworene „Alles" bereits geschrumpft ist. Fassen wir es erstmal als: „alles, was sich zu einer Verbindung fügt". So besitzt es doch immer noch eine beeindruckende Spannweite.

Es erfordert einiges von der Spieler*in. Sie muss die Atmosphäre ertasten, das gehört schon mit zum Spiel, muss sich in ihr verorten, ihren Bezug klären, muss sowohl die äußere als auch die innere Gefühlslage verstehend sowie emotional erfassend aufnehmen. Es ist wie ein Spaziergang, geht man davon aus, dass die Schritte und die Gespräche wie auch die Körperrhythmen dem Spiel entsprechen.

Daraus folgen verschiedene Haltungen, die den ganzen Blumenstrauß aus Demut zu Übermut einschließen. So kann eine Verbindung auch in der Ablehnung bestehen. Eine Verbindung kann auch das stete Reißen an den Fäden beinhalten. Ein Verbinden kann auch in der Stille aufgehen, in der Nicht-Aktion.

„Alles" ist das Erspürte. Irgendwie zu wissen, was jetzt sein soll. Holger sagt, es sei eine Form der Meditation, Trance, des Aufgehens in der Umwelt.

In unserem Fall ging es also darum, die Natur klanglich zu erfassen, uns in die Klangsphäre zu begeben (Als Stadtkinder gibt es da für uns tatsächlich ein Draußen und Drinnen.).

Die Improvisation ist ungeschrieben, darauf können wir uns einigen, aber Musik und Klang ist sowieso nicht geschrieben. Erst die jeweilige Verwirklichung der Symbole formt sich im Ohr des Hörers zu Musik. Darin gleichen sich Interpretation und Improvisation. Das ist die große Leistung des 4:33 von John Cage.

Unsere Improvisation soll in gewissem Sinne unvorbereitet (Ein Wort, das mit zwei Vorsilben zu brillieren weiß. Zunächst verlängert man das aktive Ordnen einer Situation - bereiten - durch einen zeitlichen Faktor – vor -. Dieses Ordnen wird nun in Antizipation vorgenommen. Dann wird es brüsk verneint – un -, wenn auch nicht

34

ins Gegenteil verdreht. Die Verneinung löst nicht das gesamte Bereitsein auf.) sein. Jetzt werden uns die scharfsinnigen Kritiker*innen entgegenrufen, dass dies auf der Grundlage unseres Settings schon ein Widerspruch sei und wir werden sie gewähren lassen. Wir wollen sie lediglich auf unsere Klammer hinweisen, denn wir vermuten, dass sie die nicht gelesen haben. Das Unvorbereitete unseres Experiments ist das Antreffen von Situationen, Klangräumen (-sphären), Ambiente, Atmosphären, Dingen, die wir uns nur schemenhaft vorzustellen wussten. Erst beim Betreten erspürten, erkannten oder erfuhren wir ihren Reiz oder ihre Reizlosigkeit, ihre Schönheit und Hässlichkeit, ihr Anziehendes und Abstoßendes, ihr Umarmendes und Wegstoßendes, ihr Sympathisches und Antipathisches. Und ganz grob wussten wir nicht, welches Instrumentarium das Fleckchen Erde, das wir uns ausgesucht haben, bereithält. Außerdem waren unsere Performances aus den sozial gestalteten Aufführungspraxen herausgelöst.

Unser erster Kontakt bestand darin, eine Form der Annäherung und des Einfühlens zu finden.

Wie nähere ich mich an? Wiederum muss ich mich fragen, ob dies die richtige Frage ist. Annähern suggeriert eine Entfernung.

Und ja, die bestand offensichtlich. Denn auf unseren Spaziergängen haben wir Orte zuvor ausgewählt, die zunächst nicht die unseren sind. Wie soll man das verstehen. Naja, erstmal ganz einfach. Sie liegen nicht in unserem unmittelbaren Handlungsradius. Wir haben die Fahrräder genommen oder auch das Auto, um sie zu erreichen. Da wir dies in der Zeit der Lockdowns der Corona-Pandemie begonnen haben, bedeutet dies tatsächlich, dass wir eine Entfernung überwunden haben. In gewisser Weise mussten wir uns selbst auch erstmal an den jeweils anderen annähern. Dabei war naturgemäß der Weg im Auto weniger angebunden als der auf dem Fahrrad, das Navigationssystem führte uns. Das zweimalige Klappen der

Autotüren umgrenzte unsere Zeit an jenem fernen Ort. Unsere Spaziergänge hoben die besondere Atmosphäre des Auto-Interieurs mit seinem besonderen Geruch sowie der abgeschlossenen Akustik deutlich hervor. Die Autofahrten wirkten wie eine Zeitkapsel. Dabei waren sie auch angefüllt von unseren Gesprächen und einem spannungsvollen Gefühl des Aufbruchs. Auch waren es die Tore zwischen unserem wie auch immer gearteten quirligen, verantwortungsgeladenen, digital-geprägten Alltag zu der Ruhe, dem Innehalten der Naturumgebung. Der Weg der Annäherung zunächst an eine bestimmte Natursphäre war ein Hinübergleiten (eben mehr abgeschlossen im Auto als auf dem Fahrrad), währenddessen wir uns ungerichtet aber deutlich einstellten. Wir waren uns dessen bewusst, dass jeder Spaziergang eine bestimmte Intimität mit sich brachte, die bisweilen Vorbereitung verlangte. Dies war eine erste Form der Verbindung. Manchmal war diese Transformation auch knackiger. Ich erinnere mich, als Holger einmal mit seinem Skateboard zum gewählten Treffpunkt kam und damit der Performance bereits einen ersten Schwung gab. Die Bewegung war in einer sehr performativen Form gleichsam melodiös wie auch rhythmisch durchzogen.

Obschon ich das Gefühl des „Hinübergleitens" hatte, gab es doch nahezu jedes Mal den Moment, an dem ich das Gefühl hatte: jetzt geht's los. Manches Mal schlugen wir die Autotüren zu und waren „direkt drin". Manchmal waren wir noch auf der Suche und plötzlich sprang uns eine Idee, eine Inspiration oder ähnliches an. Plötzlich hockte sich einer hin, warf seinen Rucksack ab oder zückte einen Stick. Aus dem ephemeren Moment des Irgendetwas-Fühlens wurde ein Moment der Klangbildung (Bildung kann so nicht stehen bleiben) – Klang-Entlockung. Jeder dieser Momente versenkte sich in Intimität und Spontanität. Er wurde zu etwas ganz Persönlichem, in den wir bisweilen allein eintauchten, aber oft auch zusammen. Dann baute sich eine Klangwelt auf, die sich einfügte beziehungsweise als Ausgangspunkt einer noch ungerichteten aber mehr und mehr gezielten Beschäftigung mit der Umgebung diente.

Aber hier soll es zunächst um die Annäherung gehen. Der erste Schritt ist also getan, indem wir mithilfe eines Verkehrsmittels an einen Ort fuhren, der uns Potenzial zu haben schien, unser Experiment voranzutreiben. Dies waren in unserem Sinne Waldstücke, der Rhein oder die Umgebung einer militärischen Anlage. Die Orte waren uns alle nicht bekannt. Schon darin verbirgt sich eine Entfernung. Diese ist natürlich durchzogen mit unseren Vorerfahrungen anderer entsprechender Regionen und unserer Erwartungen, aber sie bargen doch eine große Zufälligkeit. Um deutlicher zu werden: Wir wussten nicht einmal, ob wir auf Laub- oder Nadelbäume treffen würden. Die ersten Schritte vom Fahrzeug weg waren deswegen zumeist suchend, wir sprachen über die möglichen Wege. Dann hieß es: die Umgebung verstehen. „Verstehen" soll bitte hier im weitesten Sinne genommen werden. Darin liegt ein kognitives Verständnis ebenso wie ein sensitiver Zugang, ein emotionales Eintauchen und ein körperliches Einlassen. In diesem „Feld" wollten wir agieren. Keine dieser Säulen bekam dafür eine besondere Rolle, sondern es war wie ein Reigen um eine Klangsphäre. Manches drängt sich auf, manches hält sich aber auch bescheiden zurück und manches muss man sich erobern, wenn es denn überhaupt erobert werden soll.

Um ein Beispiel zu nennen. In einem unserer ersten Ausflüge (im ersten?) fanden wir einen moosbewachsenen Baumstamm, der der Overtonedrum von Holger visuell ähnelte. Allerdings war er nur bedingt in dieser Weise wie man sagen könnte „technisch" bespielbar. Außerdem war er von bestimmten Formen umgeben. Laub, das immerzu unberechenbar krachzte und knarzte, raschelte und rauschte, lag in mehreren Schichten über den ganzen Boden verstreut. Dennoch erinnerte es an Klänge, die wir aus der Percussion kennen. Es waren Passanten unterwegs, die sich unterhielten, in die Pedale traten oder mit dem BMX-Rad über kleine Hügel sprangen, schauten und nicht schauten. Vordergründig war ebenso das Vogelgezwitscher. Wir hörten den ausführlichen wie auch variablen Ruf der Amsel, vereinzelte Pfiep-Geräusch, Tschilpen bis hin zu dem Pochen eines Spechtes. Es war windstill, sodass vom Wind kein weiteres Geräusch kam. Es ist ein ständiges Spiel mit der Stille.

Sobald wir uns dem Stamm näherten, erklangen mithin Geräusche. Jeder Schritt wurde untermalt von einem polyphonen Echo. Dabei stob auch immer wieder Blattstaub oder Erde auf, sodass die Luft leicht in der Sonne flirrte. Das Anspielen des Baumstammes (anders als bei einem anderen Ausflug Richtung Olpe, bei welchem es einen ähnlichen Baumstamm gab, der aber auf Brusthöhe bespielbar war) verlangte, dass man tief in die Hocke geht. Je nach Körpergefühl mussten wir unsere Position zu dem Stamm finden.

Langsamkeit

Das Wachsen der Natur ist langsam – verdammt langsam

Unsere Spazierklänge sind langsam. Sie sind sogar zutiefst langsam. Das Spazieren, die Gespräche, die Performances, das Zuhören, die Philosophie, das Schreiben, die Stille, das Zögern, das Überwinden, die Wiederholungen. Auch momentan, da unsere Spazierklänge in ausgiebigen Video-Telefonaten stattfinden, haben sie nicht diesen integralen Bestandteil verloren. Leider nur hat uns die Distanz mehrere Ebenen der Spazierklänge genommen. In diesem Text werde ich allerdings auch zeigen, dass die Spazierklänge gar nur durch die Langsamkeit möglich waren.
Unsere Ausflüge haben mich eine wichtige Lektion über die Langsamkeit gelehrt: Sie ist zutiefst menschlich. Daher möchte ich versuchen, „langsam" und „Langsamkeit" nicht als Gegensatz zu „schnell" beziehungsweise „Schnelligkeit" zu begreifen, sondern in ihrer eigenständigen Stärke und Qualität.
Wenn ich an „Langsamkeit" denke, sehe ich einen Text von Hermann Hesse vor mir. Ich denke auch an Werke von Haruki Murakami, Jun'ichiro Tanizaki, denke an Berzbachs „Form der Schönheit" und viele mehr, an das Glasshouse von Johnson, an Mies van der Rohe, Avishai Cohen, Johnny Cash, John Cage, Morton Feldman, Gundermann. Ich denke an Holgers Arbeit und unsere Performances.
Die sorgsam gesetzten Worte eines Hermann Hesse, die voller Schönheit die Welt anblicken und auch in ihrer Strenge keine Funken schlagen, sondern geschmeidig bleiben, haben mich in meiner Jugend in den Bann gezogen. In ihnen drückt sich eine wundervolle Gemeinsamkeit allen Seins aus, das in eine formvollendete Sprache gefasst werden konnte. Gleichsam ist die Sprache Hesses

unaufgeregt, leicht. Sie umschmeichelt mich wie ein unaufgeregtes, unängstliches Flüstern. In der Sprache Hesses scheinen sich ferner längst vergessene Sprachtraditionen fortzusetzen. Diese sind voluminös, ausschweifend, gespickt mit umständlichen Umgangsformen.

Murakamis Texte strahlen die Genüsslichkeit der Ausführlichkeit aus. Sein Stil ist unaufgeregt und leise, selbst bei Schilderungen von Grausamkeit und Härte. Die Protagonist*innen sind bedacht, wirken passiv. Die Dinge um sie geschehen, die Dinge geschehen mit den Protagonist*innen und diese nehmen sie hin, auch wenn das Geschehen magisch oder unerklärlich ist. Die Protagonist*innen sind eher Beobachter*innen als Akteur*innen. Durch die ausführliche, wenn auch unausgeschmückte und wiederholende Schilderung erlangen bei Murakami Alltagsgeschehnisse eine ungewöhnliche Wichtigkeit.

Bei Tanizaki steckt die Langsamkeit in der Liebe zum Detail und der fast unzugänglichen Kleinigkeit in der sich dieses ergießt. Seine Bücher zu lesen, ist wie mit all seinen Sinnen um die beschriebenen Dinge und Personen zu wandern. Man kann sie fühlen, lässt Stoffe durch die Finger gleiten, gibt verschiedenen Nuancen ihre Wichtigkeit, die sie verlangen.

In Berzbachs „Form der Schönheit" hat mich der Verweis auf den Umgang mit Kunstdingen verzückt. Dabei wird die Lebensspanne eines Kunstobjektes mitgedacht, die auch dessen Verfall in sich schließt und es damit aus dem Kunstverständnis des unberührten Anschauens herausholt. Die Kunst ist somit eingebunden in das Leben und seine unterschiedlichen Phasen der Verletzung, Freude, des Glücks und auch des Leidens. Und natürlich der Vergänglichkeit. Dennoch wird einem Objekt Sorgfalt entgegengebracht. Das Objekt erhält darin Würde.

Die Langsamkeit, die ich bei dem Glasshouse von Johnson wahrnehme, steckt in seiner Klarheit, Transparenz, Einzigartigkeit, Einbindung und Verbindung. Es ist Ruhe und das In-sich-ruhende, das in ihm transportiert wird. Ein ähnliches Phänomen kann man bei Mies van der Rohe wahrnehmen, bei dem mir vor allem die neue Nationalgalerie wie auch der Pavillon in Barcelona vor Augen stehen. Van der Rohe hat ebenso wie Johnson an der Überwindung des Innen und Außen, wie auch an der Abgeschlossenheit gearbeitet. In anderen Arbeiten stellt er zu diesem Zweck seine Bauten auf eine Plattform (Siehe das Farnsworth' House).

In der Musik wird die Langsamkeit über Stille, Ruhe, Intensität, Einfühlungsvermögen, Wiederholung, Experimentierfreudigkeit vermittelt. Es flirren viele Namen und Töne durch meinen Kopf: Avishai Cohen, Johnny Cash, John Cage, Morton Feldman, Philipp Glass, Steve Reich, Tom Waits, Gerhard Gundermann, Leonard Cohen. Keine Frauen? Holger musste mir hierbei helfen: Beth Gibbons von Porthishead, Cindy Sherman, Kim Gordon von Sonic Youth, Tracy Chapman, Clara Schumann, Shirin Neshat.

Natürlich findet sich die Langsamkeit auch in vielfältiger Form in der bildenden Kunst und der skulpturalen Kunst wieder. Magritte zum Beispiel, Rembrandt. Aber ich erinnere mich auch an eine Bleistift-Zeichnung, die Holger bei einer Performance darstellt. In der Reduzierung der Form liegt ihre Langsamkeit.

In Holgers eigenen Arbeiten sind es zumeist die stillen, langsamen, zärtlichen Momente, die mich verzücken. (Daher ist es mir eine sehr große Freude, bei Vorbereitungen der Performances teilzunehmen.) Es ist das sorgsame Suchen, das gleichsam behände und kunstvoll ist, diese Momente sind reich an Empathie und Verbundenheit. Man kann sagen, Holger hat das Suchen selbst zu einer Kunstform gemacht, die die Langsamkeit in sich schließt. Darin spiegelt sich ein ganzkörperliches und ganzsinnliches Einlassen. Es ist nicht immer umschmeichelnd und heimelich, manchmal stößt es einen gar ab, aber es hat eine genüssliche Langsamkeit. Die Langsamkeit ist der Intensität der Einlassung immanent. Holger wird so sehr eins mit seiner Umgebung, dass er sich verletzt, indem er in sie eintaucht, den direktesten Kontakt zu ihr aufnimmt. Damit wird er zu dem Stein, den er bespielt. Er wird die Distel, mit der er performt. Er performt damit in der stets wackligen wie auch sensiblen Balance zwischen Aktivität und Passivität. Es klingelt in meinen Ohren, wie Bruce Lee sagt: Be water! Water can flow or it can crash. (ww.youtube.com /watch?v=cJMwBwFj5nQ – siehe Essay in diesem Band) Dieser Balance ist die Langsamkeit eingeschrieben. Holger nimmt sich Zeit. – Zeit kann man sich nicht nehmen. Man kann die vergehenden Momente lediglich gestalten. (siehe auch seine 24h- oder 36h-Performance) Er übersteigert bisweilen gar die Zeit, macht sie sich zu eigen. Eine Begrenzung der Zeit ist ihm ein Gräuel, es lässt ihn nicht erzählen. Darin ist er wie ein ausschweifender Autor. Man nehme beispielsweise den Musil aus der „Mann ohne Eigenschaften". Legt man ihm einen Zeitplan vor oder spricht von den vermaledeiten Zeitfenstern spürt man, wie es an ihm zieht. Er verkrampft. Diese Verkrampfung ist eine Form der Kenntnis des Vorganges des Einlassens und Aufgehens in dem Raum, in der Atmosphäre, in der Klangsphäre.

Während der Zeit der Pandemie waren wir von den Zeitvorgaben, die der Alltag bereithält, entbunden. Die Freiheit, aber vielmehr noch die Ruhe, die uns das gegeben hat, haben wir voll ausgeschöpft. Die Spazierklänge sind daher ein zeitungebundenes Experiment.

Das Experimenthafte der Spazierklänge gleicht in seiner Form dem forschenden Annähern an das Wasser des Meeres. Schrittweise (zumeist schrittCHenweise) wechselt die Beschaffenheit des Bodens, die Wellen wechseln sich ab, wechseln Form, Höhe und Wucht. Die Luft verändert sich, versprüht mit einem Mal ihre ganze Kühle oder wird wärmer. Mit einem Mal entfaltet sich ihre Qualität. Das Wasser eignet sich den Körper an, findet in ihm eine Aufgabe, die es still annimmt. Wundervoll fängt Calvinos Palomar diesen Moment ein. – Die Einstellung zum Wasser, der Wunsch, in es einzutauchen, springend, hüpfend, gleitend, gehend, wartend, passiv, aktiv, ist auch von außen deutlich in der Körperhaltung wahrnehmbar. Körper und Geist halten sich gegenseitig. Es steckt keine Pflicht, keine Aufgabenvollführung in dieser Annäherung. Die Handlung ist durchzogen von einem umfassenden Wunsch, sich einzulassen, im wahrsten Wortsinn einzutauchen, aber auch etwas zu gestalten. Das Meer trägt das Geschaffene mit sich und in sich, genauso wie der Badende. Unsere Spazierklänge haben die Wälder verändert und die Wälder haben uns verändert. Die Resonanzen dieser Veränderungen lassen sich in unserer Umgebung, unseren Mitmenschen, aber auch unserer weiteren Lebens-führung nachspüren.

Anstatt zu schreiben, würde ich gern ein Bild kreieren. Ich sehe das Bild eines schüchternen Tropfens, der in eine grobe, grau melierte Teeschale fällt. Zwei Hände, sie sind leicht runzlig, voll von Geschichten. Sie sind gebraucht worden. Es gibt eine kleine Narbe, die nicht allzu groß und schrecklich anmutet, am linken Daumen. Die Hände sind ungleichmäßig gebräunt. Sie sind ein wenig spröde. Die Innenflächen, die man mehr erahnen kann, als dass man sie sieht, sind hart und rissig, verhornt. Die Hände halten weich und anmutig die Schale mit dem dampfenden Tee. Die Schale ist einfach. Sie wirkt gewichtslos. Die Schale trägt ein nur schemenhaft von der Untergrundfarbe abgesetztes Schriftzeichen, ebenfalls in Grau. Man erahnt noch die kleine Kanne, die die Schale gerade gefüllt hat. Die Hände nehmen diese Schale vorsichtig auf. Die Hände spüren ihre Verletzlichkeit, genauso wie sie auch ihre eigene spüren. Schale und Hände umschmeicheln sich. Beide sind vergänglich. Bedächtig und still wird die Schale an den Mund geführt. Der Dampf steigt in die

Nase und nur ein kleines Schlückchen wird von dem Tee genommen, umspült aromavoll die Zunge, dann setzen die Hände sie wieder ab. Dieses Absetzen wirkt dankbar. In diesem kleinen Kreislauf steckt das ganze Leben.

„Langsamkeit" wird in den Spazierklängen in einen Rahmen gespannt, der sie der wertverschobenen Zerknittertheit der Umgangssprache enthebt. In dieser ist „Langsamkeit" eine ausufernde Zeittaktung. Sie wird wie als Hindernis wahrgenommen. Sie ist eine marode Brücke zwischen dem Unfertigen und dem gesetzten Ziel. Das, was hier „langsam" genannt wird, ist die Bürde des Unfertigseins. Es ist ein ziehendes Gefühl, dass die Handelnde immer an einem anderen Ort beziehungsweise in einem anderen Zustand sieht. Langsamkeit aber umarmt das Unfertige. Besser: Begriffe wie „Zielorientierung", „fertig", „vollendet" sind nicht Teil des Vokabulars eines langsamen Lebensstils.

Dieser Lebensstil orientiert sich nicht an der Relation zu berechenbaren Maßeinheiten oder gemessenen Einordnungen. Er entzieht sich der Messbarkeit.

Langsamkeit muss eben als eigenständiges Phänomen wahrgenommen werden, um ihr auf den Grund zu kommen. „Langsamkeit" ist friedvoll, denn in ihr steckt Genüsslichkeit, Ruhe, und Insichruhen. Sie ist das Fundament der Innerlichkeit.

So kann zum Beispiel das Absolvieren eines Sprints in einem an der Erwartung gemessen zu umfänglichen Zeitrahmen nicht langsam sein. Hierin irrt die Sportler*innen-Sprache. Allerdings sind die meisten Gangarten des Menschen langsam. Wir müssen besser sagen, tragen die Möglichkeit zur Langsamkeit in sich.

Das Gehen, das Spazieren, das Wandern, das Laufen. Der Mensch bewegt sich gemächlich fort. Beim Laufen dann bildet sich der Übergang, an welchem die Langsamkeit zerbricht, indem es zum Sprint wird. Die Gangarten in Langsamkeit sind das Spüren des

Körpers in der Umgebung. Es ist gefüllt mit Eindrücken, die die Einigkeit zwischen Läufer*in, Bewegungsform und Umgebung erfahrbar machen. Dafür müssen alle Sinne miteinbezogen sein, empfangsbereit. Die langsame Läufer*in nimmt vieldimensional wahr, ist in gewisser Weise richtig in der Umgebung, die ihr zur Welt wird. Der Lauf ist das Gleichgewicht zwischen Aktivität und Passivität, das wir bereits mehrfach angetroffen haben. Es ist die Läufer*in, die langsam läuft; von der langsamen Läufer*in zu sprechen, ist ein unstatthafte charakterliche Fixierung. Es gilt also, eine Schrittfrequenz zu finden, bei der es weiterhin möglich ist, langsam zu sein. Dies lässt sich nicht allgemein festsetzen, sondern muss sich an der entsprechenden Läufer*in orientieren. Grundlage ist also die Konstitution, wie auch der Wille der Läufer*in wie aber auch die räumlichen Gegebenheiten. Ein Lauf im Gebirge hat eine andere Langsamkeit als der in einer Stadt oder in der Steppe. Das Umfeld kann ebenfalls die Langsamkeit erschweren. So kann es sein, dass einem es zu viele Aufgaben gibt, die zu erledigen sind, sodass kein ruhiger, friedvoller, umsichtiger Zustand erreicht werden kann. Bisweilen verbirgt sich in diesem Zusammenhang eine Zwangslage, aus der es kein Entkommen gibt.

Laufen, das nicht langsam ist, gleicht der Flucht oder der Jagd. Der Spiegel hierfür ist die Atmung. So offenbart sich auf der anderen Seite das umfassend Friedvolle der Langsamkeit.

Gleichsam ist die Kraftaufteilung bei der Langsamkeit eine ökonomischere, weshalb grundsätzlich länger gelaufen werden kann. Das langsame Laufen ist weniger gefahrvoll, daher kann der Körper mehr im Einklang mit der Wahrnehmung und unseren Gedankenfäden sein. Unsere Gedanken und vielmehr noch ein ordentlicher Gedankenfaden sind langsam. Alles andere gleicht der Impulsleitung. Aber ein Faden will eng geknüpft sein. Er muss vor Seitenhieben beschützt werden, muss seine Verzweigungen

46

verstehen, zulassen und muss sich in Einbahnstraßen orientieren können, muss Umwege zulassen und genießen oder aus Sackgassen zurückfinden. Dann muss er sich öffnen, in Diskurse eintreten, muss sich hinterfragen. Die Langsamkeit hat keine Sorge vor überflüssigen Bewegungen. Das Nachdenken im kontemplativen Sinne, das das langsame Laufen nicht nur möglich macht, sondern geradezu aufzwingt, ist etwas zutiefst Menschliches. Es ist mit dem Müßiggang gleichzusetzen, der die Phantasie und Kreativität speist. Somit wird die Kunst (und die Kunstfertigkeit) aus der Langsamkeit geboren. Darum ist Langsamkeit auch gefährlich.

Die Handschrift ist langsam. Das Schreiben selbst ist es sowieso schon. Also wenn wir vom Abschreiben, stenografieren, aufgabengerichteten Schreiben oder ähnlichem absehen. Das Schreiben mit der Hand ist geerdet, nimmt Kontakt auf zu den Oberflächen, auf denen geschrieben wird, ist anstrengend und im Besonderen einzigartig. Jeder geschriebene Buchstabe sowie jeder Strich in diesem hat seine eigene Dynamik, sein eigenes Geräusch, sein eigenes Gefühl, jeder Text erhält seinen eigenen Geruch, sein eigenes Gewicht. Natürlich kommen dem Schreibgerät wie auch der Unterlage und dem Trägermaterial, nicht zu sprechen vom Ort, an welchem geschrieben wird, eine besondere Bedeutung zu. Je aufwendiger der „Farbtransport" ausfällt, desto offensichtlicher wird dies. Die Handschrift nur lässt es zu, ja fordert es gar ein, dass die Gedanken im Schreibprozess selbst nochmals hinterfragt werden. Der Schreibprozess verschmilzt in der Handschrift mit dem Denken, mit dem Weben des Gedankenfadens. Eigentlich ist sie der schöne Spiegel unserer Gedanken, denn obschon sie hinter unseren Gedanken herzuhinken scheint, fügt sie ihnen eine sinnliche Ebene hinzu, die die Gedanken überhaupt erst greifbar macht. Sie macht die Gedanken im materiellen Sinne andauernd. (Es gibt die verrückte Angst, den Gedankenfaden beim Schreiben zu verlieren, dabei schafft es diesen doch erst. Aus dieser Angst heraus schreiben viele rauschhaft.) Dann ist sie vornehmlich rund, weich, mußevoll. Beides voneinander zu trennen, ist ein geradezu zum Scheitern verurteiltes Vorgehen. Aus dieser Konstellation scheint die Einzigartigkeit der Schreiber*in hervor.

Richtet sich das Geschriebene an eine Leser*in - was es immer tut, sollte die Leser*in auch die Schreiber*in selbst sein -, spürt auch diese die umfängliche Sorgsamkeit, mit der geschrieben wurde. Sie kann die Komplexität der umfangreichen Ausgestaltung spüren. Für die Lesende müssen die Rundungen möglichst eindeutig in ihrer Biegung und ihren Volumina sein, die Linien müssen differenzierbare Charakteristika aufweisen. Allerdings ist jede Handschrift einzigartig, weswegen auch das Lesen dieser langsam ist.

In der Schule, da das Schreiben für Andere im Fokus steht (und zwar so stark, dass das Schreiben für sich selbst den Wert verliert), wird diese Langsamkeit zunächst beschworen. Allerdings um sie dem Schreiben auszutreiben. Hinter der beschworenen Langsamkeit verbirgt sich die Forderung zur Sauberkeit. Auch der Schwur auf langsame Schreibwerkzeuge ist diesem Drang unterworfen. Schreiben wird auf seinem Weg im Lernprozess technisiert und von seinem Genuss gelöst. Die Schule betrachtet das Schreiben immer als ein Unfertiges. Es wird zu etwas Äußerem. Diese Technisierung soll gerade auch die Langsamkeit austreiben.

Lernen ist in vielfältiger Form langsam. Lernen im Sinne des anhaltenden Erinnerns bedarf der häufigen Wiederholung, der Anwendung in der Praxis, eventuell sogar des Umweges über fernliegende Strategien. Dann muss sich das Gelernte erproben, indem es in andere Handlungen eingebettet wird. Dann entsteht ein komplexes Bild, das unsere Realitätswelt bestimmt und möglichst unsere Phantasie befeuert.

Ebenso müssen sich auch Handgriffe bewähren und einschleifen. In jedem Fall muss das Lernen dazu führen, dass das Ich darin seine Welt gespiegelt sieht. Das Gelernte muss diese formen, erweitern, verbessern, hinterfragen. Es muss vom Ich geformt, subjektiviert werden. Das Gelernte bleibt sonst von der Person unabhängig wie Bücher in einer Leihbibliothek.

In der Schule ist dem Lernen die Langsamkeit ausgetrieben worden. In jeder künstlerischen Produktion liegt Langsamkeit. Malen ist langsam. Dichten ist es auch. Auch dem Musikmachen ist grundsätzlich die Langsamkeit inhärent. Die Langsamkeit in der Musik, im Klang, in der Performance. Sie ist integraler Bestandteil, die vor allem in der Totalansicht, die das Lernen, das Üben, die Bewegung, die Aufführung, die Gedankengänge, die Entwürfe und die losgelassenen Fäden, die Geduld etc. berücksichtigt, sichtbar. Dann kann man leicht erkennen, dass die Langsamkeit auch den schnellsten Stücken inhärent ist. Fotografieren ist langsam. Knipsen ist es nicht. Kopfrechnen, Diy-Projekte, Pfeife rauchen, forschen sind langsam.

Auch Handlungen, die vordergründig von Passivität durchzogen sind, können langsam sein. So ist es beispielsweise mit dem Lesen, dem Besuch einer Ausstellung - dem betrachten eines einzelnen Bildes - oder eines Theaters, der Oper, einer intensiven Performance. Das Zuhören auch im Privaten ist langsam. Und mit dem Zuhören auch die Empathie.

Das Rezipieren ist ein kreativer Vorgang, der dem des Gedankenfadenwebens entspricht. Nach und nach schafft das Beiwohnen einer künstlerischen Äußerung deren Aussage erst. Dafür bedarf es Kreativität, Muße und Einlassung. Es ist ein Übereinbringen der Welt der Rezipient*in und Produzent*in, an der zweitere kaum mehr teilnimmt. Dafür bringt die Rezipient*in gleichsam ihre eigenen Vorstellungen und Ideen ein, wie sie auch die der Produzent*in aufnimmt, diskutiert, integriert oder ausstößt. Sie muss sich hierfür von der Äußerung verzücken lassen. Gleichsam muss sie sich anstrengen, muss mit sich, der Welt, wie sie vor der Rezeption war und wie sie nun sein soll oder kann, kämpfen. Dies muss sie mit Haut und Haaren machen – Schöner ist der Ausdruck: „Mit Körper und Geist".

Der Alltag nimmt einem die Möglichkeit, diese „Geisteshaltung" einzunehmen. Man kann sogar sagen, dass der Alltag diese überhaupt erst schafft, um sie aussondern zu können. Er schafft Schwellen, die die Rezipient*in aber auch die Produzent*in von der Kunst trennen. Es scheint, als müsse man für die Kunst aus dem Alltag austreten. Im Gleichen wird damit die Kunst auf einen Sockel gestellt. Ihr werden besondere Gebäude erstellt, ihr werden Bühnen geschaffen, sie wird erhöht, ausstaffiert, sie erhält einen Preis. Nun ist sie etwas Besonderes, das nicht jede erreichen kann. Die monetäre Hürde spiegelt dies materiell wider. Der Geldwechsel aber ist nicht langsam.

Moderne Produktionsmittel und Plattformen haben diese Schwelle umgeformt. Aber sie verfestigen den Warencharakter der Kunst nur noch mehr. Viele nehmen der Kunst ihre taktile Komponente. Zudem lassen sie nur selten eine profunde Konzentration auf das Rezipierte zu.

Interessanterweise wird, trotz dass die Vernichtung der Langsamkeit wild vorangetrieben wird, der Wert langsamer Dinge besonders hervorgehoben: „Gut Ding will Weile haben" (Allerdings wird einem gesagt, was gut ist.). Handgemachte, sorgfältig gefertigte Waren, deren Produktion langsam ist, werden höher geschätzt und vergütet, als dies Massenware tut, dennoch wird die Produktion der zweiteren vorangetrieben und die Erschwinglichmachung der ersten unmöglich gemacht.

Diese auf Schnelligkeit getrimmte Welt entfremdet uns auch körperlich von uns selbst. Sie verklebt unsere Sinne, macht uns dumm, lethargisch, unbeweglich. Das Langsame ist somit eine Kunst geworden, die eingeübt werden muss. Sie wird in den Freizeitbereich verschoben. Somit wird versucht, sie unwichtig aussehen zu lassen. Sie wird zum Privatvergnügen. Und es werden bezahlte Kurse dafür eingerichtet.

Die Natur, auch unsere eigene, ist langsam. Sehr langsam. Unerträglich langsam. Wir versuchen sie daher, zu überwinden. Sich dieser Langsamkeit hinzugeben, kann uns uns selbst näher bringen. Unsere Lebensumgebung wird ehrlicher wie auch lebbarer.

Bei: Nörvenich – Krach

Volker: Ich stolpere, kratze, stottere mich in den Text. Die Eindrücke zerfasern. Unsere Erinnerungen zerfasern. An diesem Ort haben wir uns sehr vielfältig, aber auch gesplittert performativ ausgedrückt, haben verschiedenste Materialien, Tempi, Orte und „Instrumente" ausprobiert. Offenbar haben wir versucht, diesen diffusen Eindrücken etwas entgegenzuhalten. Beim erneuten Anschauen der Videos und Fotos möchten wir sie in eine andere Ordnung bringen, damit sie mehr chronologischen oder performativen Sinn machen.

Dieser Essay über das Militärgelände erscheint gerade jetzt (Wo der Krieg in der Ukraine die militärische Waffenbenutzung nach Europa gebracht hat.), wo wir gern ein klares Bild zu Krieg und Kriegseinsätzen sowie Kriegsmitteln hätten, in einem neuen Licht.

Brummend krachender Fluglärm. Flugklang? Stille, in diesem Fall wirklich tiefe Stille. Sich wieder annähernd, sich wendend, zurückkehrend. Es brüllt in den Ohren.
Zunächst passten die Bilder und unsere sommerlich leichte Stimmung gar nicht zu dem, was wir mit den Ohren wahrnehmen mussten. Wir waren sehr gespannt auf diesen Ort, der uns so fern schien.

Ein großer, scharfkantiger Block aus grauem Beton steht in einem Dreieck mit abgerundeten Ecken. Bestimmt sieben Meter in der Breite, einen Meter fünfzig in der Höhe und gewiss fünfzig Zentimeter tief. Man sieht deutlich, dass der Block aus drei Teilen zusammengesetzt ist. Wahrscheinlich ist er zu groß, als dass man ihn aus einem Stück gießen könnte. „Taktisches Luftwaffengeschwader 31 ‚Boelcke' Fliegerhorst Nörvenich". Die Aufschrift ist ein bisschen zu groß, in dunklem tiefem Himmelblau gehalten. Der Schrifttyp ist einfach, unverfänglich. Auf der linken Seite ein großflächiges Wappen in traditioneller Schildform: Zwei rote Flügel, gekreuzt von einem Schwert, darunter das Wort „Boelcke". Auf der rechten Seite befindet sich ein einfaches Bild eines Eurofighters, als wäre er aus der Vogelperspektive fotografiert worden, im Flug. Bei Recherchen zu Boelcke und zum Luftwaffengeschwader trifft man auf eine dunkle, ekelhafte und feindselige Sprache –kriegsgeschwängert.

Wir fuhren also zum Fliegerhorst Nörvenich. Mit einem Mal umgab uns diese ganze Batterie an kriegerisch-militärischen Begriffen und Stimmungen. Jagdbombergeschwader, Waffenschule, Eurofighter, Royal Air Force, Stützpunkt, Luftwaffe, Luftschlacht. Der Fliegerhorst taucht plötzlich auf, angekündigt von dem oben beschriebenen Hinweis. Ihn umgibt Weide- und Waldland. Es gibt auch kleinere Dörfer. Die nächste größere Ansiedlung ist dann Kerpen. Die Straßen sind breit und in bestem Zustand. Es gibt kleine Hinweise auf die Höchstbelastbarkeit des Betons.

Auf die Begrifflichkeit verweise ich lediglich deswegen, weil sie für uns die Virtualität der Kriegshaftigkeit in die Realität hebt. Für uns war es, wie eine Mauer zu durchbrechen, die wir selber geschlagen hatten. Der Flugplatz ist sehr nah zu uns, die Fliegerei um Köln herum deutlich wahrnehmbar. Der Blick auf die Kriegsmaschinerie ist frei. Der Flugplatz wirkt wie ein stolzes Symbol der defensiven wie offensiven Wehrhaftigkeit, das deutlich um Transparenz bemüht ist. Selbst bei google.maps kann man sehr nahe Satellitenbilder abrufen (Am 21.04.2022 kann man ein Flugzeug starten sehen.). Der Zaun zum Gelände ist leicht zu überwinden, der Stacheldraht vermittelt nur schwach den Anschein der Unüberwindbarkeit. Natürlich prallt man dann jäh ab, wenn man sich „zu" sehr annähert.

Aber da wird um Verständnis geworben, da Waffen ja gefährlich seien. Es sei vornehmlich zum eigenen Schutz, dass man nicht weiter vorgelassen werde. Natürlich sollen die Anlagen auch vor Missbrauch geschützt werden. Dazu passt ein Schild, das mit Schusswaffengebrauch droht, obschon es als Sicherheitswarnung getarnt ist.

Holger: Ich empfinde „Schreiben" als einen Transport von Erfahrungen in ein anderes Medium. Ich erlebe und nehme diese Episoden hier als Grundlage, um darüber zu berichten. Aber es ist so viel mehr als der Transport von Erinnerungen in ein neues Medium... Es ist das Kreieren von Innehalten und Erlebnissen durch das Schreiben selber. Volker legte mir mehrfach dar, wie durch das Verfassen der Spazierklänge-Essays sich sein Verständnis erweitere. Das Eintreten in eine semantische Sphäre - durch das Schreiben - fördert nämlich das Erkennen. Es bilden sich neue Verbindungen zwischen Erfahrungen. Das Schreiben mit einem Stift ist etwas anderes als das Schreiben am Computer - mit einer Tastatur. Wenn ich mit dem Stift schreibe/agiere, dann bin ich in einem konstant sich entwickelnden Prozess des Schreibens an sich: jeder Buchstabe ist etwas anders als der „gleiche" Buchstabe kurz davor. Jeder Buchstabe entsteht auf dem Untergrund durch eine zuvor bewusst darauf ausgerichtete Aktion. meine Hände, meine Finger, mein Körper sind auf diese Bewegungen eingestellt. Es ist eine Ausrichtung des Bewusstseins auf das Schreiben. ich habe das Schreiben in der Schule gelernt. Es ist ein individueller Prozess, erlernt im Klassenverband. Die Buchstaben müssen einer gewissen Norm folgen, sonst können sie nicht gelesen werden - von zum Beispiel Volker. Als ich einen Ausflugs-Bericht/Schilderung von unserem Nörvenich-Spazierklang schrieb, war ich im „Tunnel". Ich benutzte einen sehr harten Bleistift und schrieb im Flow - ohne über die spätere Lesbarkeit zu Grübeln. Es war sogar eher so, dass ich fast nicht daran dachte/beabsichtigte, dass es lesbar sein sollte. „Sollte" es lesbar sein - oder wollte ich tief in mir dieses Erlebnis gar nicht sichtbar machen?! Denn das Erlebte dort berührte mich so sehr.

„Nörvenich" ist eine Militär-Flug-Basis in der Eifel - die „Eurofighter" sind dort stationiert. Das alte Dorf Nörvenich musste für die Militäranlage weichen und wurde relokiert. Als Volker und ich dort ankamen und unseren Ausflug dort verbrachten in der Stimmung und der Anwesenheit des Kriegsgeräts - wirkte alles dort stark auf mich ein. Noch wochenlang danach träumte ich von den elegant-unspektakulär aussehenden Flugzeugen. Ich war von der Erscheinung dieser Kriegs-Maschinen fasziniert und verstört. Die immensen, gigantischen Radar-Antennen des Flug-Platzes setzten die Luft in Vibration - ich war von der oberflächlichen Idylle des Wald-ähnlichen Areals und der Vibration / der Strahlung irritiert. Alles dort war widersprüchlich - jedoch nur zu Anfang. Ich erkannte, dass all dies eine Ausprägung brutaler menschlicher Aggression ist: das betäubende Geräusch der Raketen-Antriebe, die Radarstrahlung und die Schutzwälle aus Bäumen, Wiesen und leeren Waldwegen /Pfaden.

Als ich am Abend in Köln dieses Erlebnis schriftlich schildern wollte, huschte ich mit dem Stift über das Papier - der Abdruck war sehr leicht und blass. Und deshalb später „kaum zu entziffern", so Volker. Ich schrieb, so wie ich manchmal mein Tagebuch schrieb - verschlüsselt und doch nicht verschlüsselt: mit gängigen Buchstaben des deutschen Alphabets und doch in meiner eigenen ureigenen Verkürzung oder auch Verflachung der Buchstaben - fast wie eine Unterschrift.

Die Schilderung war so persönlich und tief-schürfend - Teile in mir wollten es nicht teilen. Ich wollte und musste dafür erst einmal das Erfahrene für mich selber verarbeiten. Das Geschriebene war gedacht zum Verarbeiten/Verstehen (vor Allem). Die Schilderung und das Transportieren dieses verstörenden Erlebnisses war wohl nicht meine Priorität.

Volker: Die akustische Distanz war besonders auffällig an diesem Tag. Das laute Dröhnen (beim Start 110 Dezibel), die ruhige Natur. Wie soll sich unser Trommeln dort einfügen? Kann hier getrommelt werden? Wir haben ganz wundervolle Erfahrungen dort gemacht. Sie waren tief. Auch erschütternd. Weitreichend.

Nachdem wir am Tor des Fliegerhorstes abgewiesen wurden, machten wir uns zu Fuß auf den Weg. Der erste Ort, der uns anzog, war ein abgeschliffenes Dorf, unweit des Haupteinganges. Wir spielten mit den Überresten. Holger sollte am Ende unseres Spazierklangs hierhin zurückkehren, nachdem er bemerkte, dass er genau dort seine Luftsticks vergessen hatte.
(https://www.youtube.com/watch?v=_UFoR4NXy3Y)
Es gab dort als „Überbleibsel" ein großes Mühlrad und einen großen behauenen Stein, der kreuzförmig in vier Teile geschlagen war.
In einem wundervollen Buster Keaton Moment versuchte Holger lakonisch gegen den weichen Wind eine großformatige Zeitung zu falten. In der militärischen Struktur, die uns umgab, war das ein feiner Widerspruch: leise, langsam, verwirrt. Es war, als würde Holger die aktuelle Zeitgeschichte ordnen. Allerdings zerknittert er die Zeitungsseiten eher, irgendwie scheitert er auch. Das leichte Flattern des zarten Papiers unter das der minimale Wind ging. Dazu Holgers akkurates Falten, dass gelenk aber uneffektiv wirkt, sogar ein bisschen nutzlos. Er lässt sich Zeit. Hebt einzelne Blätter wieder auf, kommt ganz langsam vorwärts. Das Gesicht ist konzentriert aber ausdruckslos. Weder Erfolg noch Misserfolg zeichnen sich ab. Man sieht die Rubriküberschrift „Wissen" aufblitzen. Der erste Stoß ist

gefaltet. Holger bückt sich, um weiterzumachen. Seine Handstriche scheinen gleichsam motiviert wie auch beiläufig zu sein. Immer wieder entgleitet ihm die Zeitung. Dann ist die Zeitung gefaltet. Wird aber direkt von einer Windböe weggetragen.

Unweit der Zufahrtsstraße und unserer ersten „Station" gibt es eine kleine Kirche, vielleicht Kapelle, eng umrahmt von einem Mäuerchen. Innerhalb dessen einige Grabsteine. Die neueren Grabsteine sind mit Werbekärtchen versehen. Nur wenige sind verwittert, andere ganz neu. Der Weg um die Kapelle ist ausgegossen mit einer dünnen Schicht aus graublauen Steinchen. Die Schritte, die ein gemütliches Scharren hören lassen, ändern sich fein zum Gehen auf Asphalt. Sie sind etwas verhaltener, kürzer. Sie sind sogar etwas unsicherer, suchend. Aber in jedem Fall sind sie wie gelenkt. Der Weg zwingt sie, fordert ihnen Respekt ab. Ich denke, so läuft man in einem antiken Labyrinth. Die Steinchen kollern übereinander. Das Geräusch ist schabend, klickernd. Ein bisschen staubt es. Während auf Asphalt die Schuhe oder Füße das Geräusch erzeugen, scheinen es hier die Steine selbst zu sein. Ansonsten ist die Atmosphäre ganz die einer Kapelle. Es ist still. Das Geräusch der eigenen Füße wirft einen auf sich selbst zurück.
Hinter der Kapelle gehe ich auf die Knie. Ich lasse meine Hände durch den Kies fahren, mache gleichmäßige Kreise. Achten auch. Ich hebe ein paar Steine an und lasse sie aus geringer Höhe wieder herabfallen. Ich streichle den Boden. Das Klickern ist sanft, geht bisweilen in ein Rauschen über. Im Hintergrund frühlingshaftes Vogelgezwitscher. Schließlich reibe ich meine Hände sauber, ordne die Steinchen. Das Geräusch der Haut ist sowohl ein toller Gegensatz zu den Wegsteinen wie es sie auch gut ergänzt.

Wir gehen an das Ende der Startbahn der Eurofighter. Nachher gehen wir dann noch zum anderen Ende. Die Eurofighter starten in beide Richtungen. Wir wollten den Start miterleben. Wir wollten erleben, welche Kraft dahintersteckt. Wie wirkt die Geschwindigkeit. Wir wollen auch nicht leugnen, dass vielleicht auch Technikfaszination dahintersteckt.

Ich wundere mich, dass man selbst das militärische Gelände nicht betreten darf, das Militär aber umgekehrt den zivilen Bereich.

Unser Warten ist ruhelos. Es ist außer der Zeit. Wir haben keinen Abflugplan, wir haben keine Ahnung von den Gepflogenheiten am Platz. Die Erwartung selbst erzeugt eine Leere und Stille. Ich beginne leicht mit Cajón-Besen auf einer Leitplanke zu trommeln. Es ist ziemlich ungerichtet, vielleicht sogar demotiviert. Ich mag es, das helle Weiß mit den roten Riemen anzuschauen. Die Bewegungen der einzelnen Borsten ist ein fröhliches Wippen auf dem Metall. Ist es Zink?

Wir werden des Wartens relativ schnell überdrüssig, gehen zurück zum Wagen und fahren dem Zaun folgend weiter. Dieser Weg ist schmal. Mit einem Mal tauchen wartende Wagen vor uns auf. Wir sind am anderen Ende der Startbahn. Hier warten Eurofighter-Fans. Sie haben alle Ferngläser bei sich. Manche tragen sogar Walkie-Talkies. Später erfahren wir, dass sie die Gespräche der Flieger und des Towers mithören können. Hier blitzt die Transparenz der militärischen Zone wieder auf. Die „Fans" tragen so etwas wie Uniformen bei Rockkonzerten, verhalten sich wie Experten. Wir können sie befragen. Man erläutert uns, die Technik und auch die Bewaffnung der Flugzeuge. Man stellt uns die verschiedenen Typen vor, spricht über deren Sonder-Bemalung. Man erläutert uns die schwierige Kommunikation mit den umliegenden Dörfern über den Fluglärm. Es wird beständig über Belastungen diskutiert. Dafür werden sowohl zivile als auch militärische Vermittler*innen benannt. Die Abflugzeiten kennen sie auch nicht genau. Sie kennen nur die Flugfenster. In unserem Rücken befinden sich die Leitsysteme für Anflug und Abflug. Große Lichtgabeln.

Mit einem Mal breitet sich Unruhe aus. Die Fans geraten in Bewegung, es werden sich Plätze am Maschendrahtzaun gesichert auch für die Jüngsten. Einige Flugzeuge fahren aus dem Hangar, begleitet von einigen anderen Fahrzeugen. Man hört nun schon die Triebwerke. Die Eurofighter wirken ein bisschen wie vorne übergebeugte Störche. Sie haben lange, wackelige Beine, die ein wenig zu lang zu sein scheinen. Der Start ist trotz einer längeren Aufbauzeit nahezu unvermittelt. Die Turbinen fahren hoch, dann flitzen die Eurofighter in die entgegengesetzte Richtung fort. Wir wissen nicht genau, ob wir froh oder bestürzt sind, dass wir nicht dort geblieben sind. Die Menschen um uns herum wissen, dass die Flugzeuge auf dem Weg nach Rammstein sind.

Minimalismus

Menschen sind von vielen Dingen umgeben. Besser: Menschen umgeben sich mit Dingen. Viele Dinge nennen sie Besitz.
Und wenn ich mich gerade hier umsehe, scheinen mir die mich umgebenden Dinge bereits zahllos zu sein. Kerzen in Kerzenhaltern, Schränkchen mit gefüllten Schubläden, viele Formen von Kabeln und Steckern, Lautsprecherboxen und CD-Spieler, die entsprechenden CDs, fünf Tische in verschiedenen Größen und Farben, Bücher, Sofa und Sessel, Bilder, Schreibwerkzeuge, Blöcke, Jonglier-Bälle, Trommelsachen, darunter ein Pandeiro, Sticks, Practice-Pad, Schuhe, viele Schuhe, ein Massagebrett, Yoga-Matten, Teekiste, Computer, hingeworfene Kleidung, gewaschene Kleidung, getragene Kleidung, eine Uhr, einen Ehering. Natürlich spreche ich aus einem Luxus-Leben heraus. Dabei versuche ich schon stets, gerade auch als Frucht aus unseren Spazierklängen, die Anzahl der Dinge um mich zu minimieren. Schon vorher war ich von dieser Idee beflügelt, ließ meine Gedanken darum streifen, was ich weggeben könnte. Meine Beschäftigung mit Mahatma Gandhi war dahingehend der erste Anstoß. Dennoch sind alle diese Dinge nun da.

Nicht immer sind Objekte notwendig, oft sind sie ein „Hinzu".
Nehmen wir uns ein emblematisches Beispiel vor, um zu erklären, was wir hier meinen: Eine Vase.
Eine Vase ist zumeist ein „Hinzu". Dieses wird noch gesteigert, wenn die Vase zum Aufbewahrungsort für Blumen wird. So wird die Vase obendrein zu einem Vehikel der Präsentation. Voraussetzung für das „Hinzu" der Vase ist zunächst ihr Dekorationscharakter. Diese Dekoration hat einen stark morbiden Anteil: Etwas Schönes soll ausgestellt werden, wird dafür getötet, enträumlicht, um dann

langsam zu verrotten. Hatten Vasen vormals auch eine rituelle Bedeutung, so ist dies heute verloren gegangen. Die Vase unterscheidet sich daher grundlegend von einer Flasche, einem Glas, oder einem Krug, die jeweils eine Form der Notwendigkeit ausstrahlen. Letztlich macht ihre Verwendung ihren Charakter also auch ihre Kategorisierung aus. Die Gestaltung des jeweiligen Gefäßes soll der Verwendungsform dienen. Daher lässt sich eine Flasche zumeist noch als solche erkennen, wenn sie auch als Vase verwendet wird.

Wird die Flasche also als dekoratives Element, indem zum Beispiel ein Gesteck oder einzelne Blumen in ihr aufgestellt werden, in einem Raum verwendet, übernimmt sie folglich das „Hinzu" der Vase.

Dieses „Hinzu" ist genau das, was die Verwendung romantisch, idyllisch, schön, luxuriös, stolz, überflüssig macht. Es hebt einen Raum auf eine andere Ebene, indem es ihm etwas hinzufügt, das seine nackte Grundkonstitution bekleidet. Besser muss man sagen, dass eine Betrachter*in dem Raum eine Nacktheit zuschrieb, bevor sie ihm eine Vase hinzufügte. Es geht ferner um einen Raum, der (um-; neu) gestaltet wird. In der Vase können wir einen Aneignungsprozess, ein Heimischmachen oder eine Teilnahme sehen. Der Raum wird also zuvor als fremd oder als unbequem empfunden. Im letzten Fall möchte jemand gern an dem Raum teilhaben, möchte vielleicht gar selbst Teil des Raumes sein. In Form eines Geschenkes zum Beispiel fordert eine Andere*r dies ein.

Aber die Vase kann ebenso ein Element sein, das zur Schaffung eines Raumes, der stets mehr als seine Einfriedung ist, erforderlich ist. In diesem Fall würde der Raum ohne das Gefäß nicht als genau dieser Raum erkannt werden. In besagtem Fall muss die Beschaffenheit der Vase geradezu ausspezifiziert sein. Der Raum wird mit ihrem Aufstellen erst geschaffen. Gehen wir hiervon aus, so bestimmt der Blick der gestaltenden Hand auf diesen, welche Beschaffenheit die

Vase haben „darf" oder „muss". Er schreibt mithin vor, aus welchem Material sie zu bestehen hat und welche Formen, Farben und Größen sie aufzuweisen hat. Diese Ausformung ihrerseits ist allerdings wiederum nicht eindimensional, sondern kann auf einen Fächer an Möglichkeiten zurückgreifen. Ebenso wird die Anzahl der verwendeten Vasen von dem zu entstehenden Raum bestimmt. Als Kombination oder Komposition dieser Elemente wird ihre Verwendung gleichsam vorhergesehen oder besser vorhergesetzt (Wir unterscheiden hier Blumenvasen, Ziervasen, Designervasen, praktische Gefäße und Schmuckstücke, Sammlerstücke, Ausstellungsstücke.).

Das „Hinzu" haftet der Vase in allen Fällen an. Im benannten Fall ist es allerdings eines, das vollendend wirkt.

Dieses „Hinzu" kann sich allerdings auch leicht zu einem „Zu viel" steigern. Das „Zu viel" ist ihm oft bereits eingeschrieben. Zu besagter Steigerung kommt es genau dann, wenn die durch die gestaltende Hand erlittene Notwendigkeit fortgetrieben wird. Das kann ferner auch dann entstehen, wenn diese Notwendigkeit gar nicht erlitten, sondern lediglich durch fremde oder eigene Strategien (Werbung, Luxuswunsch, Besitzwunsch, übersteigertes Bedürfnis …) evoziert wird.

Dabei kann dieses „Zu viel" jeden Aspekt der Vase treffen, den wir hier genannt haben: Das Material kann unter anderem zu schwer sein, zu aufwendig, zu vielgestaltig. Für die Konstruktion der Vase kann eine überzogene Anzahl an Materialien verwendet worden sein. Die Vase kann in gewisser Weise auch aus dem falschen Material gemacht sein.

Gerade im Material kann man die Vielgestaltigkeit eines Objektes erkennen, die ihr zumeist hintergründig ist und die seine Kategorisierung beeinflussen.

Das verwendete Material ist immer schon mehr als das, was wir im Endprodukt direkt wahrnehmen können. Im Material sind seine Herkunft, sein Transport, seine Kosten, seine Zugänglichkeit, seine Tradition, seine Recycelbarkeit, seine Nachhaltigkeit, seine Herstellungsmodalitäten, seine Entsorgung sowie die Menge an Händen, durch die es gegangen ist, eingezeichnet.

Dieses Gewebe ist der Vase also bereits eingeschrieben, indem die gestaltende Hand sie einem Raum zuführt. Der Dialog, den das Objekt mit dem Raum und den im Raum enthaltenen weiteren Objekten aufnimmt, ist durch das Gewebe mitgestaltet. Nicht die Vase allein durchzieht oder erweitert nun also die vorab gelegten Linien oder öffnet neue Kanäle, sondern verschiedene Räume greifen nunmehr ineinander, werden geschaffen, verändert oder auch zerstört. Dies muss nicht immer ein aktiver beziehungsweise bewusster Akt sein. Die Bewusstwerdung bietet vielmehr die Möglichkeit, die Bewertung des Objektes zu verstehen.

Die gestaltende Hand ist obendrein mit all den Geschichten aller involvierten Personen verbunden. So wird jedes geschaffene Objekt, aber auch jedes andere Objekt, zu dem Sandbuch aus der Dichtung Jorge Luis Borges'. Das Buch hat derart viele Seiten, dass es sich niemals zweimal auf der gleichen Seite aufschlagen lässt. Das „Zu viel" kann also auch aus diesem Kaleidoskop erwachsen. Aber es kann auch aufgehängt sein an einer einzigen der Geschichten, die das Material in sich trägt. Diese überführt das Objekt, versetzt es also in einen Zustand, der aus dem Dialog herausfällt oder ihn zerreißt.

Das Material lässt bestimmte Formen zu, wie die Form umgekehrt ihrerseits die Materialauswahl mitbestimmt. Daher ist auch die Form in das genannte Gewebe gespannt. Sie trägt es in sich, manifestiert es oder tradiert es gar. Dabei realisiert sie die materiellen Möglichkeiten zu einer spezifischen Ausformung.

Im reziproken Bezug zu dem Raum sowie den Umgangsformen und Handlungsweisen, die der Raum evoziert, wie auch Aspekten, die der Vase selbst inhärent sind, kann diese zu gerade, zu schief, zu ausufernd, zu einfach, zu kompliziert, zu gezogen, zu gestaucht, zu zurückhaltend, zu opulent, zu extravagant sein. Eine Vase kann zu groß, zu klein, zu genau bemessen sein. Eine Vase kann zu viel aber auch zu wenig sein. Sie kann nach mehr schreien oder aber ihre Überflüssigkeit laut ausdrücken.

Viele Vasen sind ferner so gestaltet, dass sie den Ort wechseln, was zu einer weiteren Komplizierung führt und das Bild des Kaleidoskops wieder aufscheinen lässt.

Alle Entscheidungen der gestaltenden Hand hängen von der Bedürftigkeit der erkannten Nacktheit ab. Dabei ist zu bemerken, dass ein erreichtes Gleichgewicht leicht aus der Balance zu bringen ist.

Und, nicht dass wir uns falsch verstehen: Die Vase kann in einer anderen Räumlichkeit oder in einem anderen Zusammenhang auf einmal passender wirken. Dass sie allerdings platzierbar ist, macht ihren Charakter des „Hinzu" und in dessen Folge oft des „Zu viel" geradezu aus.

Die Vase hat allerdings in ihrem Zeugcharakter noch immer Funktionen der Verortung sowie Orientierung eingeschrieben. Sie kann hilfreich sein, wenn sie zum Beispiel als Geschenk vergeben, eine Beziehung und ihrer Bedeutung erleben lässt.

Im Gegensatz zu der Vase gibt es eine Vielzahl an Dingen, die ihr „Zuviel" in einer Notwendigkeit zwar gut verstecken können, diese aber bereits hinter sich gelassen haben und in sich selbst bereits den Charakter einer Loslösung enthalten. Ihr Wesen ist schon davon gezeichnet, dass es nicht angebunden ist. Man ist versucht, zu sagen: „nicht mehr angebunden", aber das scheint uns scheinheilig und fahrlässig. Denn in dem „nicht mehr" ist eine Möglichkeitsstruktur gegeben, die diese Dinge nicht aufweisen. Es ist aber derart weit entrückt, dass es auch durch eine „Ebenenverschiebung", oder wie auch immer man es nennen will, nicht mehr in eine Notwendigkeitsstruktur zurückgeführt werden kann. Und gerade das weiß dieses Zeug zu maskieren. Darin irrt sich die gestaltende Hand nicht nur in ihrer Sicht als Produzent*innen, sondern auch als Nutzer*innen. Das „Zu viel" wird am Ende zu einem „Über".

Sicher sind wir uns dessen nicht immer bewusst, doch es ist ein gewinnbringender, erdender und verbindender Moment, sich dieser Bewusstwerdung anzuschließen wie auch sie zu forcieren.

Diese Strukturen, die sich zwischen der Notwendigkeit und der Schaffung aufspannen, sind weitaus schwieriger zu verstehen, verlassen wir das Feld der hergestellten Dinge und wenden wir uns den menschlichen Akten und im Besonderen den Künsten zu. Künste im rein dekorativen Sinne sind immer ein „Hinzu" und erreichen recht schnell den Bereich des „Über". Sie haben den Bereich der Notwendigkeit schnell hinter sich gelassen. Überhaupt ist bei den Künsten nur schwer abzuwägen, inwieweit sie tatsächlich notwendig sind. Dass sie es sind, dessen kann man sich gerade auch nach beziehungsweise in der herrschenden Pandemie immer gewisser sein. Es ist auf vieles verzichtet worden, dessen strukturell fehlende Notwendigkeit durch andere Aspekte eingeholt werden musste (so zum Beispiel der Notwendigkeit, sich mit einer Arbeit einen Lebensunterhalt verdienen zu müssen), doch nicht auf die Künste. Diese konnten zumeist nur passiv und konsumistisch mitverfolgt werden, allerdings hat wohl niemand darauf verzichtet. Gerade die aufführenden Künste mussten pausieren.

Künste, die Sinn geben, können nicht als „Hinzu" bestimmt werden, sie sind integraler Bestandteil eines Lebens. Sie ermöglichen

Orientierung, Obdach, sie verleihen Platz, sie schaffen eine Heimat. Darin haben sie ihr Äquivalent in der Dingwelt.

Ein offensichtliches Zeichen dieser Sinngebung ist die Einbindung der Künste in rituelle Zusammenhänge. Sogleich strahlen sie den Charme des Notwendigen aus. Dies wird nicht für alle Rituale gelten, muss aber in jedem Fall für lebenstragende oder lebensspendende oder lebenserhaltende Rituale konstatiert werden. Das abendliche Fernsehen ist kein Ritual. So kann eine Begriffsverschiebung leicht die Ausschlagsrichtung zum „Hinzu" maskieren. In jedem Fall folgt die Kategorisierung mithin auch einer Tradition.

Die passive wie auch aktive Teilnahme an den Künsten muss aber, will sie sich einer unbewussten Maskierung enthalten, eine rigorose Analyse ihrer Methoden, ihres verwendeten Materials, ihres Zeitaufwandes (im Schaffens- wie auch im Interpretationsvorgang), ihres Ortes, ihres Erhalts, ihrer Kopierbarkeit beziehungsweise Reproduzierbarkeit vornehmen. Es tauchen Fragen auf, die die künstlerischen Ausformungen nach ihrer Notwendigkeit abklopfen. In den Spazierklängen haben wir genau das versucht, zu erforschen. Uns wurde zunehmend wichtig, zu schauen, wo ein innerer oder äußerer Druck uns zum Spielen aufforderte. Gleichsam galt es das Material und die Methoden wie auch die Klangmuster zu hinterfragen.

Dazu sind wir vornehmlich in die Natur gegangen, deren Gestaltetheit keinen Vorgaben im künstlerischen Sinne unterliegt. So wirkte sie zumeist zufällig (Obschon auch deutlich wird, dass jede natürliche Ausformung dem Sein-lassen des Menschen unterworfen ist.). In der Natur scheint die gestaltende Hand zu fehlen. Die Strukturen, die wir in der Natur sahen, entsprangen unserer Projektion. Oft diente dabei die Warenwelt als Matrix. So verglichen wir bei der Tonerzeugung die verwendeten Materialien, die wir zumeist in der Natur selbst fanden, mit den Instrumenten, die uns aus dem Musikkontext bekannt sind. Allerdings nahmen wir uns auch Performance- und Trommel-Traditionen als Hinweis und Grundlage.

Von diesen Einflüssen galt es nun sich zu lösen, einen neuen passenden Weg für dieses Ambiente zu finden und damit gleichsam die Künste als solche in Frage zu stellen. Wie bereits angedeutet, ging es auch immer darum, das „Hinzu" und „zu Viel" der von uns hineingebrachten Künste zu hinterfragen.

Sofern einem die sich auffächernden Möglichkeiten einer Unternehmung bekannt, bewusst und praktikabel sind, scheint die fehlende Realisierung eine Form des Weglassens oder Nichtmachens (Trotzdemnichtmachens) und daher eine Form des Verzichts zu sein. Er ist genau dann kein Verzicht, wenn sie in Form eines Kalküls, sei es ökonomischer, ästhetischer oder auch ökologischer Natur, daherkommt. In diesem Sinne wird es zu einer politischen Aussage, die sich gegen die Maskierung des „zu Viel" richtet. (Intermezzo: Veganismus zum Beispiel wird von vielen Menschen als Verzicht verstanden, ebenso wie der Nicht-Besitz bestimmter Dinge wie das Auto, der Fernseher, das Reparieren im Gegensatz zum Kaufen et cetera.) Die Demaskierung geht immer mit einer Feindlichkeit der Demaskierten einher. Diese wehren sich, schießen scharf und kämpfen bisweilen blutrünstig und unter Einsatz vieler Ressourcen. Die Maske wird als das Normale etikettiert. Mit dieser Standardsetzung wird die Feindseligkeit verdreht.

Wir haben hier den von Roland Barthes beschriebenen Vorgang der Mythen-Bildung vor Augen, bei der eine bewusste Konnotation erzeugt wird, indem das Zeichen durch eine weitere Ebene überschrieben wird.

Die extremste Form der Reduzierung war die Begegnung Holgers mit einer Distel, die auf dem Gelände der Raketenstation Hombroich gefunden hat. Er spielte in einer für andere nicht hörbaren Intensität auf und mit der Distel. Später sagte er mir: „Aber ich bin es doch wert („dass ich für mich selbst spiele)."

Klang

Es ist phantastisch, in die Wälder zu gehen.
Der erste Lockdown war für uns wie ein Reset.
Wir fühlten uns wie Kinder, wie Entdecker.
Im Wald und zu Fuß wird man auf Wesentliches zurückgeworfen.
Und wir durften dessen Reichhaltigkeit, Stärke, Tiefe und Vieldimensionalität erfahren. Grundbedürfnisse waren auf einmal deutlich spürbar.
Im Mittelpunkt stehen nun das Atmen, das langsame Schreiten, das Gefühl auf der Haut, die Temperatur und Wetterbeschaffenheit, ungefilterte Geräusche, die Gerüche, gemäß der Länge unserer Spaziergänge manchmal auch Hunger und Durst. Erfahrungen werden unmittelbar. Diesen folgt die Erkenntnis, dass wir doch die Welt zumeist nur durch Medien gefiltert wahrnehmen, auch wenn wir meinen, unsere eigenen Sinne zu benutzen. Diese Mittel allerdings tragen ihre Übermittlungstechnik in sich, die nie alles transportieren können, was die Welt bereit hält. Jedem Mittel ist die ihm eigene Selektion inne. Die direkte Wahrnehmung ist offener, freier, reicher. Daher wirkten unsere Ausflüge wie eine Befreiung. Während unserer Spaziergänge waren wir froh, alle Medien hinter uns zu lassen. Und noch heute arbeiten wir an einer Maximierung ihrer Reduzierung.
Löst sie sich von den vorgeschalteten Filtern, kann die Spaziergängerin zum Beispiel die Vielfalt des Wetters spüren. Sie kann einen eigenen Bezug dazu entwickeln. Ihr wird auch klar, dass meteorologische Angaben keinen Wirklichkeitswert haben, weil sie den Menschen im Wetter nicht mitdenken können. Das Wetter wird zu einem großen Teil quantifiziert. Wichtige Elemente des Wetter-Empfindens können nicht medial vorweggenommen werden. Wie können die Geschwindigkeitsangaben des Windes das leichte Ziehen

an der Hose beschreiben? Wie kann die angegebene Gradzahl das Gefühl auf der Haut und in den Lungen ausdrücken? Wie kann die Angabe des Luftdruckes den Bezug zum Wohlgefühl aber auch zu Unkonzentriertheit und Kopfschmerzen beschreiben? Sie können nur Hinweise und Erklärungsversuche liefern. Wir können damit den physischen Grund unserer Gefühle erklären. Zu den Gefühlen selbst wie auch den Anforderungen an den Umgang mit diesen, können sie keinen Hinweis leisten. Heute – ich möchte sagen: „Im medialen Taumel" – allerdings haben die genannten Angaben die Gefühle überlagert. Sie scheinen wichtiger zu sein, als diese. Heute ist es objektiv kalt oder warm. Dies gleicht dem Notensystem in den Schulen, in denen die Zahlen das Wissen ersetzt haben. Die Präzisierung der meteorologischen Studien verlagert dies gleichsam in die Zukunft. Für die Vorhersage gibt es nur inoffizielle Mittel in der Schule.

Das Spaziergehen hingegen ist eine der ursprünglichsten Formen des Inderweltseins. Das Gehen selbst ist grundlegend menschlich. Als nahezu einzige Beschäftigungsmöglichkeit ist das Spazierengehen gerade in der Pandemie-Zeit, wenn auch unter Zwang und übellaunig, wiedererweckt worden. Weiterhin kann man dies auch in der anhaltend anwachsenden Gesellschaft der Wander*innen und Trailrunner*innen sehen, dass das Gehen einen neuen Status zu erlangen scheint. Nun wird auch das Sitzen als große gesellschaftliche Krankheit aufgezeigt, weshalb es doch die eine oder andere aus medizinischer Sicht zum Gehen treibt.

Die Langsamkeit des Spaziergehens lässt einen die Landschaft als Um-gebung wahrnehmen. Ihre Um-welt wird geschaffen, durch das aktive Einlassen und Einfügen. Die Schritte, die man dabei tut, sind ihr Beginn. Aber auch das Spazierengehen ist emotional und mental. So sind es nie nur die Schritte allein. Je unmittelbarer der Zugang zur Um-gebung ist, desto intensiver wird das Spazierengehen.

Mehr und mehr ist uns dabei klargeworden (Manches liegt auf der Hand und ist dennoch im Verständnis weit weg.), dass die Schuhwahl das Einfügen vorbereiten kann. Schuhe schaffen bereits eine Distanz. Genauso wie dies Kleidung tut. Die Kleidungswahl kann also der Unmittelbarkeit zu Gute kommen.

Mit dieser körperlichen Einlassung werden andere Bedürfnisse wie Hunger und Durst auf ein anderes Niveau gehoben. Sie werden klarer und einfacher. Der Atem wird tiefer, langsamer, er ist grundsätzlicher.

Man spürt beim Spaziergehen die eigene Kraft. Es gibt keine andere Energiequelle, die einen trägt. Es gibt keine weitere Hülle um einen herum.

Die Langsamkeit des Gehens lässt auch den eigenen Willen besser verstehen oder spüren.

Beim Spaziergehen im Wald sind die Geräusche unmittelbar, wenn auch nicht ungebrochen. Nur selten haben wir Orte gefunden, die frei von den Geräuschen der Autostraßen waren. Die Geräusche im Wald haben ihre unhinterfragbare Natürlichkeit. Sie haben eine inhärente Periodisierung. Erst wenn man sie in dieser Form verstehend spürt, werden sie zur Lautsphäre. Nun sind sie Teil der Um-welt, wie man es auch selbst ist. Hierin liegt die Möglichkeit, mit ihnen eins zu werden. Nun wird das Hören wie auch das Spüren zur Meditation. Stärker und eindrucksvoller wird dieses Erleben, in einer „ungebrochenen" Lautsphäre.

Der passende Klang in dieser Sphäre ist das Ergebnis einer nahezu natürlichen Erzeugung. Der Laut fügt sich in die Sphäre ein. Er entsteht in Leichtigkeit, Klarheit, Bedeutsamkeit. Der Klang bedarf der Langsamkeit. Er ist definitiv. Deswegen können Klänge Musik machen, oder man kann mit Klängen Musik machen.

Der Klang ist mithin die Positionierung zu einer Lautsphäre. Er kann die Lautsphäre fortentwickeln, kann sich in sie einschmeicheln, kann fast unbemerkt bleiben, kann die Sphäre aber auch aufbrechen, verändern. In diesem Moment schaffen sie gleichsam die Sphäre oder erweitern sie oder transformieren sie. Die Klangerzeugung ist eine besondere Form der Aufnahme eines Diskurses. Er schmeichelt nicht immer den Sinnen, fügt sich aber dennoch ein, auch wenn dies nicht instantan geschieht. Oft gibt es diese Einfügung erst in der Retrospektive. Bisweilen muss ein Klang erst verstanden werden. Er muss also verstanden wollen werden.

Klänge haben eine Geschichte entweder in den Hörgewohnheiten oder in der Klangerzeugung. Darin unterscheiden sie sich vom Laut. Ein Klang tanzt auf der Rasierklinge. So kann ihn Wiederholung unerträglich machen. Eine gewisse Wiederholung kann ihn aber auch erst passend machen oder verständlich. Abnehmende oder zunehmende Distanz verändert seine Qualität. So wie es eben auch das Verstehen tut. Seine Lautstärke schafft den Klang, schafft die Basis seiner Einfügung, kann ihn aber ebenso zerstören.

Das Schreiben und das wiederholte Lesen dieses Essays lassen bei mir Assoziationen aufblitzen:

- torfiger Waldboden
- feines Geröll im Gebirge
- Wasser im Meer
- ein Füllfederhalter
- ein Pferd
- eine Tastatur mit leichten Tasten
- Eleganz
- ein voluminöses Buch
- Laub
- Stille
- die Stadt, das Dorf, der Wald, die Einöde
- eine alte Registrierkasse

- eine Kerzenflamme
- Kochutensilien
- ein Ball
- eine Kuh
- Regen
- Papier
- ein Vogel, ein Schmetterling (Intermezzo „The Doors": Before I sink into that big sleep, I want to hear the scream of the butterfly.)
- schwere Schlüssel
- starke Türen
- das Innere eines Zuges (ungeschliffene Schienen)
- ein Spaten
- Musikinstrumente
- Atem
- eine Katze
- ein Eishockey-Puck
  und so

Projekt

Im ersten Lockdown (ab März 2020) begannen Holger und ich auf seine Initiative hin, mit unseren Spazierklängen. Die Monate waren warm und sonnig.

Wir waren wegen der Pandemie in unseren Jobs und Unternehmungen gestoppt. Holgers Performances waren weitestgehend abgesagt, die Fortführung seiner angefangenen Projekte wurde aufgehalten, Pläne, Auftritte etc. wurden abgesagt. Ich durfte nicht mehr in die Schule gehen. Der Unterricht hatte aber noch keine Grundlage, andersgehend konsistent fortgeführt zu werden. So arbeitete ich nur sehr wenig, indem ich den Schüler*innen kleinere Aufgaben schickte, E-Mails beantwortete und Gespräche führte. Aber es waren nicht nur die beruflichen Geschäfte, auch das Private bedurfte einer Umorientierung.

Die Stimmung in Köln veränderte sich dramatisch.

Wir betrachteten die Spazierklänge zunächst als Projekt, aber ich wehrte mich schon zu Beginn gegen diesen Begriff. Das war zunächst nur eine Intuition, der ich aber nachzugehen versuchte.

Der erste Grund ist sicherlich der inflationäre Gebrauch, der dem Begriff eine überbordende Bedeutung verleiht. Die Inflation eines Begriffs gibt ihm einen Wert, der von seinem Inhalt wie auch seinem Begriffsfeld abstrahiert. Das ist wie das Phänomen des Bestsellers. Der Verkauf ist ein dem Werk Äußerliches.

Aber genau das passiert gerade, wo in fast allen Bereichen menschlichen Schaffens, seien sie privat wie auch öffentlich, von Projekten gesprochen wird. Dies fällt mir vor allem im Bereich des Kultur- und Kunstschaffens auf. Aber auch in der produzierenden Wirtschaft findet man dies vor. Dafür gibt es extra eingesetzte Projektmanager. In der Wirtschaft aber hat dies noch einen anderen Stellenwert. Ich möchte sogar sagen, noch den hergebrachten. Im Projekt wird zum Beispiel an einem Autotyp oder sogar nur an der Jahresauflage eines Autotyps gearbeitet. Ford ist kein Projekt. Apple ist es auch nicht.

Das kulturelle und künstlerische Schaffen hingegen erstickt geradezu im Projektieren. Das „Projekt" soll die Offenheit des Geschaffenen, das ja nun kein „Werk" mehr ist, unterstreichen. Gleichsam betont es seine zeitliche Kurzfristigkeit. Das Schaffen verbleibt im Versuch.

Im Projekt wird keine Dauer geschaffen. Alles bleibt zeitlich begrenzt und kann damit auch keine Identität oder nur Kontinuität, aber auch keinen Sinn mehr herstellen. Alles bleibt Stückwerk.

Genauso wie unsere Texte nur Essays sind?

Kann das Projekt die Anerkennung der Überwindung des Statischen sein? Aber das Projekt trägt nicht den Wandel in sich. Das Projekt ist auch kein Übergang und kann diesen auch nicht gestalten. Es kann diesen nur andenken. Wie überhaupt das Projekt selbst ein Andenken ist (Nicht im Sinne des „an etwas denken", sondern im Sinne des „nur in Ansätzen denken"). Das Projekt ist keine Streit- oder Protestkultur. Es ist höchstens eine Vorstufe zu diesem. Was das Projekt trägt und zur Schau stellt, ist seine Vergänglichkeit. Indem ich also etwas als „Projekt" bezeichne, nehme ich diese Charakteristik hin.

Soll das Projekt eine Lebensform sein? Ich schaffe nichts für die Dauer, weiß dass wir in einer eklektischen Zeit leben, in einer Zeit voller Zitate, die sich nicht aus ihrer Zeichenstruktur lösen können oder wollen. Mein Schaffen bleibt im Jetzt und Hier und ich traue mich auch nichts anderes zu evozieren. Beim Schaffen ist der Abriss oder das Überwinden bereits mitgedacht. Das Scheitern fällt nicht so scharf aus. Gescheitert ist das Projekt immer schon vorher, da es nicht ausreicht, um sinnstiftend zu sein. Und dann werden dennoch Ton- oder Bildaufnahmen gemacht, um sie zu erhalten? Warum? Das Projekt bleibt ohne Einbindung, ohne System.

Ist die Projektkultur selbst ein Projekt? Zur Überwindung des Gleichbleibens, zur Überwindung des Eingefahrenseins?

Ich möchte von unseren Spazierklängen als Werk sprechen oder als Lebensform. Ich möchte auch unsere Essays als Aufsätze, Traktate bezeichnen.

Wo beginnt Musik, Krach, Klang …?

„In den Diskurs, den ich heute zu halten habe, und in die Diskurse, die ich vielleicht durch Jahre hindurch hier werde halten müssen, hätte ich mich gern verstohlen eingeschlichen." Mit einem Zitat zu beginnen, ist, als ob man nicht begänne. Der Beginn entblößt damit seinen illusionistischen Charakter.

Michel Foucault hielt 1970 am Collége de France seine Inauguralvorlesung, die später unter dem Namen „l'ordre du discours" veröffentlicht wurde. Die Ausgabe, die mir vorliegt, ist ein dünnes, kartoniertes Bändchen. Es ist fast zu dünn, um philosophische Bedeutung auszustrahlen. Bedeutung wird doch zumeist durch tiefgründige, langatmige Argumentationen evoziert, die wiederum zu dicken Wälzern führen.

Meine Gedanken wandern zu der schlichten Kürze des Tao-te-king. Ferner muss ich an die Essays von Byung-Chul Han denken. Auch diese sind kurz und daher nicht besonders raumgreifend, dennoch aber voll, tiefgründig und eher ein Marathon als ein Sprint. Darf ich John Cages „Silence" vergessen? Und Camus' „Der Mythos von Sisyphos"? Und doch wird Wissen im europäischen Zusammenhang mit diesen dicken Büchern in Verbindung gebracht. Umso interessanter, dass ich in meiner kleinen Aufzählung nur einen Europäer untergebracht habe. Aber natürlich kann ich noch Nietzsche oder Montaigne hinterherschieben. Aber die Wertschätzung, die ihnen entgegengebracht wird, entstammt eher der Betrachtung ihres gesamten Oeuvres und nicht einzelner Texte. Das gilt natürlich auch für Foucault.

Das mir vorliegende Bändchen ist in Blau gehalten. Es ist schön. Liegt gut in der Hand. Es ist nicht wie andere Bücher, die sich gegen das Aufschlagen aufbäumen. Aber es ist nun auch bereits viel genutzt. Name des Autors, des Werkes und des Verlages sind in Weiß und hellem Grün gehalten. „Limitierte Sonderausgabe" steht dünn und nicht exponiert auf der Rückseite. Das schmückende Element ist eine mit dünnem, weißem Strich gezogene, symbolisierte Kiste, die ohne Deckel auskommt. Es könnte ein gezogenes Schubfach sein. Oder es ist eine Umzugs- oder Einzugskiste. Man kennt diese Kisten auch aus US-Amerikanischen Filmen. Dort wird sie benutzt, wenn jemand, egal aus welchen Gründen, seinen Arbeitsplatz verlässt. Und wahrscheinlich auch, wenn jemand eine neue Arbeitsstelle antritt.

Es erinnert mich gleichzeitig an die vielversprechenden Bilder Magrittes, die statt zu enthüllen, verdecken. Dort sieht man zum Beispiel eine perforierte Tür, hinter der sich aber nichts offenbart. Auch muss ich an ein Bild von Gerhard Richter denken: Fünf Türen. „L'ordre du discours" - also diese Ausgabe - hat eine einfache glatte Oberfläche und grobes, einfaches Papier. Es macht keine lauten Geräusche, nur die Finger erzeugen vielleicht ein leises Kratzen beim Blättern. Die Klänge, die das Klopfen von Fingerspitzen auf dem Deckel machen, sind ton- und resonanzlos. Sie deuten das bassige Trommeln dickbauchiger Bücher nur an. Gebundene Ausgaben sind an tonal deutlich ausgewogener und muskalischer.

Das Buch ist mir 1999 von einem befreundeten Paar geschenkt worden. Sie haben sich auf Seite Eins mit einer Widmung verewigt. Auf den folgenden Seiten folgen die üblichen editorischen Notizen, bevor schließlich der Text beginnt. Wiederum schweifen meine Gedanken ab. Ernst Bloch kommt mir in den Sinn, der in „Spuren" den Text schon vor dem Text beginnen lässt. Dort steht der wunderschöne Aphorismus: „Wie nun? Ich bin. Aber ich habe mich nicht. Darum werden wir erst." Oder auch Menasse, der seinem Roman „Sinnliche Gewissheit" die Angabe „Erste Originalkopie" voranstellt. Die kleine Widmung meines Freundes und meiner Freundin von damals ist für mich Teil des Textes. „Jede Spur ist Spur einer Spur. Kein Element ist jemals irgendwo anwesend (auch nicht einfach abwesend): es gibt nichts als Spuren." (Derrida)

Kulturelle Entäußerungen sind mithin eine Raum-Zeit-Diffusion. Sie sind eine Raum-Zeit-Transformation.

Dann beginnen Foucaults Worte: „In den Diskurs, den ich heute zu halten habe, und in die Diskurse, die ich vielleicht durch Jahre hindurch hier werde halten müssen, hätte ich mich gern verstohlen eingeschlichen." Der Ausdruck „beginnen" ist falsch. Darum wiederum soll es in dem vorliegenden Essay gehen.

Der Text hat bereits zuvor begonnen. Jeder Text hat immer schon begonnen, bevor das erste Wort lesbar wird.

Besonders augenscheinlich wird dies bei der Abschrift einer Rede, die wir mit „ordre de discours" vor uns haben. Die Abschrift ist in gewissem Sinne auch eine „Originalkopie". Gleichzeitig ist es auch eine Reduktion. Verstörend denke ich an all die Ebenen, die der Text nicht wiederzugeben weiß. Die einheitliche Schrift ist verräterisch. Sie kann die Hörerschaft nicht repräsentieren.

Ich denke mir ein Bild. Foucault soll also seine Inauguralvorlesung halten. Im Collége de France – oder Am Collége de France. Wer war dort zuvor? Wer genau besetzte dieses Katheder oder Pult, diese „Bühne". Das Renommee des Collége gründet sicherlich auf eine große Anzahl an Sprecher*innen. Ich will nicht recherchieren. Die Namen sind mir egal. Aber das Protokollhafte der Veranstaltung weist auf Tradition und Gewöhnlichkeit hin.

Mich interessiert die Haltung Foucaults. Es geht um das Beginnen. Und das berühmteste Beginnen ist für mich das Beginnen Foucaults. Vielleicht ist auch das lauteste oder geschmeidigste, zurückhaltendste oder stürmischste. Aber ich denke sogar, Foucaults Beginnen vereint alle diese Haltungen in sich.

Ich stelle mir also diesen Mann vor. Ich stelle ihn mir nicht groß vor. Sein Gesicht kenne ich von dem Deckblatt des Suhrkamp-Bandes

„Überwachen und Strafen" (Ein monumentales auch emotional tiefes Werk über die Ausrichtung, die Folgen, die Geschichte und die Organisation der Strafpraktiken, dessen malerisch geschilderte Bilder ich nicht mehr los werde.). Foucaults Gesicht gleicht dem des Schauspielers Terence Fletcher. Fletcher hat die gleiche charakteristische Glatze und die großen Ohren. Außerdem zeichnet er sich durch einen äußerst intensiven wie auch beredten Blick aus. Wahrscheinlich habe ich sogar Fletcher vor Augen, während ich an Foucault denke. Wahrscheinlich aus dem Film „Whiplash", in welchem er einen konsequent tyrannischen Professor einer Jazz-Bigband spielt. Das Bild passt, die Stimmung nicht, oder doch? Foucault kann ich mir nicht als diesen Tyrannen vorstellen. Ich denke, er ist ein sanfter, introvertierter Charakter, ein besonnener Kopf, der eine heftige Geschichte in sich trägt. Er ist deswegen schüchtern oder auch nur vorsichtig. Foucault hätte unter dem Fletcher aus dem Film nicht bestehen können, denke ich. Er wäre kaputt gegangen. Aber dort, am Pult, während er spricht, hat er eine starke wie auch feste Stimme, mit einer klaren Aussprache. So stelle ich es mir vor.

Foucault tritt also an das Pult. Die Zuhörer*innen rücken sich auf ihren Stühlen zurecht. Es erklingt das übliche Scharren eines Theatersaals. Michel Foucault schaut sich im Saal um. Sieht die eingeladenen Gäste. Im Kopf geht er deren „Meriten" durch. Er sieht die Student*innen, die ihre universitäre, institutionelle Geschichte noch vor sich haben. Er sollte jetzt Scham oder Stolz empfinden, denkt er in Gedanken an Sartre. Kurz saugt er die Atmosphäre auf. Das knarrende Holz, die erstummenden Gespräche, der Geruch nach alter Farbe, Holz und Körpern. Er spürt unter seinen Fingern das abgenutzte Pult. Sein Skript, ein Stapel gewellten Papiers, das schon an verschiedenen Stellen Eselsohren aufweist, liegt zum Vorlesen bereit.

Ich stelle mir vor, wie Michel Foucault Formalitäten, wie beispielsweise die Benennung der anwesenden Honoratioren, auslässt. Er begrüßt niemanden. Er dankt niemandem. Er ignoriert sie auch nicht.

„In den Diskurs, den ich heute zu halten habe, und in die Diskurse, die ich vielleicht durch Jahre hindurch hier werde halten müssen, hätte ich mich gern verstohlen eingeschlichen." (Von Foucault inspiriert, beginnen meine Romane mit einem „und", das die Vorgängigkeit anderer Geschehnisse und Texte voraussetzt.)
Foucault wünschte sich eine Stimme, die ihm voraus wäre, die immer schon sprechen würde. Für Foucault wäre es angenehm gewesen, ein heimlicher Wegbegleiter dieser Stimme sein zu können (Ist es der büchnersche Lenz, dem es unangenehm ist, nicht auf dem Kopf gehen zu können? Oder der stolpernde Handke, dem mit einem Mal eine Form vor Augen steht? Oder Menasses Originalkopie? Die Referenzen sind historisch unsauber.). Sein Wunsch ging eigentlich schon damals in Erfüllung. Nur seine Exponiertheit als Redner musste ihm unangenehm sein. Inauguralvorlesung – Antrittsvorlesung. Inauguration ist etymologisch von „Augur" abgeleitet. Dieser war oder ist laut dem „digitalen Wörterbuch der deutschen Sprache" ein Sachverständiger, der Interpretationen oder Prognosen abgibt. Poetischer ist die vormalige Bedeutung als Deuter des Vogelfluges.
Die Verantwortlichen aber eher noch das Protokoll des Instituts hatten Foucault in einen Rahmen geschneidert, an dessen Manschettenknöpfe die Siegelprägungen funkelten und schwer an seinen Armen zogen.
„Anstatt das Wort zu ergreifen, wäre ich von ihm lieber umgarnt worden, um jedes Anfangens enthoben zu sein", lautet sein zweiter Satz. Eigentlich aber hatte Foucault das Wort nicht „ergriffen", sondern lediglich fortgeführt. Die Institution hatte vielmehr ihn

ergriffen. Sie hatte ihn gar etwas korrumpiert. Nur durch diesen Eingriff („Ergriff" gibt es als Wort nicht.) wird Foucaults leiser Geist eingehegt und gleichsam erhoben. Auf die „Bühne" (Über das Bühnenwesen muss noch gesprochen werden.). Dieser Akt macht Foucault eigentlich erst greifbar. Ich denke an Marshall McLuhan: „Das Medium ist die Message". Und gesteigert wird dieser Prozess durch die spätere Produktion (aus dem dwds: producere: hervorbringen, erzeugen) des Buches „l'ordre du discours". Produktion ist heutzutage keine Form der Bewahrung oder Erhaltung, sondern der Vermassung. Das Wort wird als Buch zum Gebrauchsgegenstand, der erworben werden kann. Oft wird er sogar endverbraucht. (Ich denke an Kermanis „Dein Name", in welchem der Protagonist Hölderlin dazu verwendet, einen Tisch abzustützen.)

Romantisch (Und von Ecos „Der Name der Rose" inspiriert) scheint mir das Bild der reisenden (erfahrenen) Wissbegierigen zu sein, wie es sie in Figur des Klosterschülers im Mittelalter gab. Welche Wirren und Unsicherheiten musste eine jede*r auf sich nehmen, um an Wissen zu gelangen. Die modernen Bibliotheken können dieses Bild nur schemenhaft aufrecht erhalten. Foucault spürt an dieser Stelle also auch seinen Eintritt in den Produktionskreislauf. Scheinbar scheint er sich auch dagegen zu sträuben. Er ist dabei aber weder erfolgreich (Sonst hätten wir keine Inauguralvorlesung auch nicht deren Fixierung auf Papier.) noch konsequent (Denn am Ende hält er ja diese Inauguralvorlesung.).

Foucaults Werk „Überwachen und Strafen" folgt der sogenannten Antrittsvorlesung nach. Die Zusammenfügung der beiden Titel (wie in Calvinos Roman „Wenn ein Reisender in einer Winternacht") entblößt das System, dem sich Foucault (Also der Foucault in meinem Kopf, der dem Fletcher so ähnlich sieht.) ausgesetzt sieht: „Die Ordnung des Diskurses überwachen und strafen".

Es öffnet sich ein unendliches Assoziationsfeld.

Jedes aufgeworfene sprachliche, emotionale oder figürliche Bild trägt einen Rhythmus, eine Melodie in sich. Jedes Bild bietet einen ariadnischen Faden an Bezügen, der nirgendwohin führt. Man muss ihn schon an einer Stelle abschneiden, um ihn zu begrenzen. Vor diesem Schnitt fürchtet sich Foucault. Denn die gezogene Grenze trägt dann Willkürlichkeit wie auch Zufälligkeit zur Schau.

Ist dieser delikate Moment, der hier die Rede Foucaults ist, der das Feld der Assoziationen umgrenzt bzw. anlegt, das, was man „Beginn" nennt? Nein. Ein Beginn verlangt ein Außen und Innen. Dieses Feld aber grenzt vielmehr an die Vorstellung der „Bibliothek von Babel" von Borges. Sie hat kein Äußeres. Der Bezug zu Borges wiederum katapultiert uns in das Bild des unendlichen Labyrinths. Gleichzeitig ziehe ich Querverbindungen zu Labyrinthen in anderen Werken, Gärten, Kirchen und ursprünglich zum Minotaurus, der natürlich nicht der erste war. Und da steht uns nun schon wieder der berühmte ariadnische Faden vor Augen.

Vielleicht sollten wir daher bei Werken nicht mehr von „Beginn", sondern von „Anfang" (an-fangen = kommt urursprünglich tatsächlich von fangen) sprechen. „Beginn" kommt wohl von „berühren". Doch konnte das Wort die ureigentliche Bedeutung nicht konservieren. Daher trägt es seine glatte, geschliffene und übersteigerte Bedeutung zur Schau.

Wann fängt etwas an? Das gilt uns als Ausgangsfrage für unsere „Untersuchung", für die wir diese lange Einleitung über Foucault nebst Querverweisen komponiert haben. Daher ist die Frage in die ungefähre Mitte des Textes gerutscht. Wir begannen diesen Text und wussten schon, dass wir daran scheitern werden und holten uns also Hilfe bei Foucault. Wir holten uns Hilfe bei Foucaults Verzweiflung. Wann fängt etwas an?

Die Frage ist klebrig. Aus unseren Erfahrungen (Zum Beispiel die Praxis der Werkschau bei der man eine Schwelle überschreiten muss.) wie auch unserer Sprache (Zum Beispiel der Begriff „Werk" evoziert schon ein Ende und einen Anfang.), unserem Lebensumfeld (Zum Beispiel werden Funktionsinhalte verschiedener Handlungen wie auch Gegenstände kantenscharf geschliffen) heraus, können wir die Stimmen hören, die in einem konservativen Reflex an institutionellen Techniken, die sie Rituale oder Traditionen nennen, oder an Protokollen festhalten und rufen: Der Dirigent bestimmt es, die Lichtkonstruktion - vielleicht sogar Lichtkomposition - setzt den Anfang, nein, das Auftreten des Künstlers oder die Rillen auf der Langspielplatte. Bilder werden nur allzu gern gerahmt, Statuen auf einen Sockel gehoben. Anfang und Ende sind ferner ritualisierte Grenzen, die sich in der Wiederholung reaktualisieren. Die von uns gehörten Stimmen perpetuieren ein quantifizierendes Kunstverständnis, das gewissermaßen dem Konsumfluss dient. Man (Wir meinen tatsächlich dieses unpersönliche diffuse „Man", da wir uns nicht sicher sind, ob das tatsächlich auf alle zutrifft, wissen aber, dass darauf allgemein gebaut wird.) ist sich dieser Form der Künste bewusst. Deswegen wird die sogenannte Kunst auch exponiert, ausgestellt, inszeniert. Sie wird herausgehoben und somit in eine Gestaltungsform gegossen. Die Kunst bekommt somit etwas Rituelles. Damit verdichtet sie sich auf Knotenpunkte, die gut kontrollierbar sind. Jetzt muss nurmehr (es scheint leicht zu sein…) versucht werden, auf dem Radar zu erscheinen. Öffnungen sind ein spezifischer Weg zur Eingemeindung.

Die Inszenierung eines Endes bei Kunstwerken schafft für den Rezipient*in ein „Danach", das ihr die Möglichkeit verschafft, wieder in ihr gewohntes Heim zurückzukehren.

Einige werden sagen, dass die Kategorisierung dem Denken helfe, aber das Gegenteil ist der Fall. Diese Kritiker*innen halten sich an einem abgegriffenen Denkbegriff fest, der die Intuition, Assoziation und Kreativität verschmäht.

Wir aber konstatieren: Es gibt weder Anfang noch Ende. Darin übertrifft die künstlerische Betätigung unser Leben. Darin realisiert sie vermutlich auch ihre Motivation. Hanna Arendt hat das in ihrer Interpretation des Herstellens formuliert. Das Herstellen soll eine Wirkung besitzen, die über die Mortalität des Menschen siegt, indem das Hergestellte dem menschlichen Leben eine über den Tod hinaus reichende Kontinuität verschafft. In besonderer Form hat dies auch Sartre in seinem Werk „Die Wörter" ausgedrückt, in welchem er die Angst vor der Vergänglichkeit als ursächlich für seinen nicht abreißenden Schreibfluss erklärt.

Eventuell sind Menschen von den Fragen getrieben, die Bloch formuliert. In ihnen wird ein fixer Anfangs- und Endpunkt suggeriert: Wo kommen wir her? Wohin gehen wir? Was erwarten wir? Was erwartet uns? Wer sind wir? Wir wollen, dass wir Sinn haben, der sich in der angesprochenen Kontinuität manifestiert. Dabei sollte im besten Fall auch unsere Geburt (Deswegen wird die Geburt bisweilen auch als Geschenk bezeichnet.) und unser Tod einen Sinn haben (Ich verzichte hier auf einen Exkurs zu Heidegger, Camus, Sartre, Nietzsche, Byungchul Han). Sinn aber ist gleichzusetzen mit einer Fixierung oder Stetigkeit. Sinn kommt einer Sache, oder einem Vorgang oder im Großen einem Leben nur dann zu, so scheint es, oder so suggeriert uns die uns umgebene Welt, was abgeschlossen ist oder zumindest einen Rahmen hat. Deswegen wirkt der Sinnspruch „Der Weg ist das Ziel" romantisch, aber auch „welt"fern.

Aber das Künstlerische gewinnt seine besondere Form gerade, weil es nicht abgeschlossen ist. Das Künstlerische führt immer fort und will immer fortgeführt werden (Daher wird die Wissenschaft als Erkenntnisgewinnung der Kunst vorgezogen. Die Wissenschaft nämlich setzt Ergebnisse, obschon ihr historischer Fortgang auch durch Widerrufe oder Überarbeitungen gestaltet ist.). Hier haben wir einen Brückenschlag zu Foucault erreicht. Für Foucault ist Philosophie, ist Diskurs Kunst. Wahrscheinlich müssten wir dann auch über Beuys sprechen. Oder auch Banksy und so viele mehr. Kunst greift ein, gibt eine neue Richtung, verspricht eine neue Sichtweise, ein neues Zeitgefühl, sie rückt zurecht oder sie verrückt, sie gibt eine Stimme oder entzieht sie. Aber immer ist sie der Versuch, Gewesenes in die Zukunft zu werfen. Sie ist gleichzeitig Handlung und Handlungsvorschlag beziehungsweise Handlungsentwurf. Sie ist Verstehen und der Ausdruck des Unverständnisses. Und damit ist sie ein intensiver Zugang zum Leben und zur Realität. Die Kunst kriecht wie silberner Nebel in die Gedanken und die Gefühlswelten, die Selbstsicht ein. Die Kunst lässt einen nicht gleich bleiben. Daher ist sie in ständiger Veränderung begriffen. Der Kunstliebhaber geht die verschlungenen Wege der Kunst mit. Er folgt ihnen nicht, sondern bringt sie zum Sprechen, realisiert sie.

Die Versuche, Kunsthandeln aufzuspalten, gehen also an der inneren Struktur der Kunst vorbei. Kunst ist episodisch. Wobei die Episoden ineinanderfließen. Eine Episode als Episode zu erkennen, lässt sich nur aus einer temporär gestifteten Fokussierung erklären. Vielleicht entäußert sich darin auch die fehlende Fähigkeit des Menschen, das große Ganze in einem Augenblick zu erfassen. Nur deswegen brauchen wir auch den Begriff „Kunst". Die Sprache, oder sagen wir eher die Metasprache, die nämlich verstehen will und deswegen das chirurgische Messer ansetzt, treibt uns hier in die Falle. Bedächte man, dass chirurgische Eingriffe, Fremdkörper entfernen sollen oder der Reparatur dienen, würde man die überschätzte Metasprache (auch den vorliegenden Text) in ihre Schranken weisen können. Es ist als wäre der Eingriff die Krankheit selbst.

Wir fixieren uns hier stark auf die verbale Sprache. Auch das ist ein Fehler. Kunst muss wieder zu dem werden, was es ist: Leben. Kunst ist Partizipation. Die Trennung in Rezipient*in und Produzent*in ist verführerisch. Gern verteilen wir Zuständigkeiten und den damit einhergehenden Verantwortlichkeiten. Kunst aber ist in jeder seiner Phasen erzeugend (Zeug im Sinne Heideggers?). Dieses Erzeugen geht über den Interpretationsvorgang hinaus. Vielleicht kann man den Begriff „Interpartizipation" begründen. Darin kann die Gesellschaftskraft der Kunst sich ausdrücken. Die Kunst ist gesellschafts- und gemeinschaftsbildend. Wobei dieser Prozess natürlich reziprok funktioniert und funktionieren muss.

Daher werden wir bei den Spazierklängen auch davon geleitet, diesem Netz Rechnung zu tragen, es gebührend zu feiern. Die Spazierklänge sind der gelebte Ausdruck dieses Kunst-Verständnisses.

Kunst als Partizipation entspricht dem Zickzack-Flug der Fliegen im Zimmer, von dem Barthes in seinem Text „Lust am Text" spricht (Siehe auch: Lawrence Sterne: Tristam Shandy). Unsere Betrachtung und Teilnahme scheinen zwar chronologisch, kontinuierlich zu sein, sind dies aber in keiner Weise. Viel mehr entsprechen sie eben dieser Fliege – oder besser einem Rudel an durcheinanderstiebenden Fliegen. Assoziationen und Gedanken häufen sich, oft springen wir wild umher, blättern ganze Seiten zurück, kratzen uns, massieren unsere eingeschlafenen Gliedmaßen, konsultieren als Referenz andere Werke, quasseln, recherchieren, schreiben oder malen oder erzeugen Klänge, diskutieren, sprechen und vieles mehr (und beantworten nebenbei Nachrichten im Smartphone, machen Tee oder Verscheuchen eine lästige Mücke).

Die Frage nach Anfang und Ende ist daher die Suggestion eines plötzlichen Erscheinens dieser Fliegen. Damit ist es gleichsam eine räumliche Trennung. Die Frage oben („Oben" und „unten" bleibt bestehen, solange Sie das Buch nicht drehen.) verrät ein Konzept der Kunst, das unvereinbar ist mit dem menschlichen Sein.

Ein Symptom dieser fehlgeleiteten Perspektive sind Begrifflichkeiten wie beispielsweise „Musikstück". „Musikstück" ist zunächst angefüllt von einer arroganten Abkopplung der Musik von dem Rest, was wir Klang, Geräusch, Krach oder so nennen. Suchen wir nach der Unterscheidung dieser zu der sogenannten Musik, können wir gar keine Grenze sehen. Auch einen flüssigen Übergang sehen wir nicht. Aber stellen wir uns hinten an und akzeptieren eine industriell vorgefertigte Definition von Musik, die fürderhin verkaufbar ist, weil sie quantifizierbar wird, weil sie in pressbarer Form vorlegbar ist. Dann erst kann sie zu einem Stück werden. Die Musik ist dann eingekeilt zwischen Tradition (Die zumeist auf eine spezielle Instrumentierung baut oder ein Konvolut an Klängen, die archivierbar also beschreibbar sind.), Industrie (Die Industrie legt fest, was verkauft wird und definiert somit den Musikbegriff) und Autorität (So z.B. die Professoren, die einen Stuhl inne haben, der es ihnen wiederum erlaubt, Musik festzulegen. Es wird dann halt fest.). In diesem gar nicht so spannenden Spannungsfeld wird nun die Musik wie ein Kuchen gevielteilt. Daraus entstehen dann also „Stücke". So bleiben sie zum Segen aller beschreibbar.

Jetzt werden einige sagen: Ja, aber der Musikbegriff ist doch heute deutlich weiter als schon früher. Man muss doch auch mal einen Punkt machen. Und wir wollen ihnen auch gar nicht widersprechen, wollen sie aber darauf verweisen, dass sie halt in der Trinität „Tradition, Industrie und Autorität" verhaftet bleiben und diese somit perpetuieren. Und es geht doch immer auch um Macht. Bei diesen Worten sehen wir die altbekannten Würdenträger*innen entnervt auf ihren Stühlen hin- und herrutschen, wobei sie ihren Stuhl doch gleichsam noch gerader stellen, sie wollen demonstrieren. Ab jetzt geht es ihnen zu weit. Sie wenden sich ab – auch so eine

Metapher -. Sie wissen ab jetzt, was kommen wird. Aber ja, es geht um Macht.

Hier scheint unser Text redundant zu werden, doch wird etwas, was man sagt, oder enthüllt erst dann obsolet, wiederholt zu werden, wenn es in produktive Handlung übersetzt wurde.

Für uns soll die Musik wie auch alles, was gemeinhin Kunst oder gar Leben genannt wird, Diskurs sein. Und auch mit diesem Diskurs zu einer Form von Dasein finden. Wir hören die Stimme, die Foucault sich erhoffte.

Wir möchten unseren Gedanken in einer kleinen Alltagsschilderung gern erläutern:

Es ist nicht der Wecker, der sie heute geweckt hat. Sie hatte sich erbeten, den Wecker wenigstens am Samstag ausgeschaltet zu lassen. Die Woche über klingelt er verlässlich um 6:25. Das Wochenende soll in gewisser Weise die Routine durchbrechen. Er steht vor ihr auf. Das ist ungewöhnlich, aber sie mag es und er ebenso. Es ist 7:30 und die Sonne fällt sanft durch die Gardinen, als er sich dazu aufmacht, das Frühstück zu bereiten. Toast, Orangensaft, Marmelade. Nun ist er fertig und sie liegt wohl noch im Bett, also bringt er ihr das Frühstück auf einem Tablett. Sie liest in einem Roman. „Das Foucaultsche Pendel" von Eco. Die ersten 70 Seiten hat sie schon gelesen. Sie lächelt ihn nur an, als er das Tablett neben ihr abstellt und wieder geht. Sein Frühstück nimmt er in der Küche zu sich. Später treffen sie sich im Wohnzimmer und machen sich auf zu einem Spaziergang. Der Tag ist kürzer als sonst aber immer noch lang. Er strahlt Ruhe und Gemütlichkeit aus und, würde der Nachbar nicht den Rasen mähen, auch Stille. Sie gehen ihre sogenannte Hausrunde, grüßen bald den einen, dann den anderen. Sie sprechen über ihre Kinder und die Hochzeit der Tochter, die in drei Wochen abgehalten werden soll. Es muss noch viel erledigt werden bis dahin. Vor allem sollten sie endlich Kontakt zu ihren Co.-Schwiegereltern aufnehmen. Zuhause geht er an die Werkbank. Er will für den Garten eine Garnitur aus einem Tisch und vier Stühlen bauen. Er wechselt dazu in seinen Blaumann. Sie will etwas Aufwändigeres kochen und macht sich auf zum Einkaufen und später dann in die Küche.

Nach dem Essen ist schon fast Zeit, sich fertig zu machen. Sie haben schließlich Karten für die Philharmonie heute Abend. Aber eine halbe Stunde haben sie noch. So sitzen sie auf der Couch und schauen nach den samstäglichen Sportergebnissen. Er steht zuerst auf, um zu duschen und in seinen Anzug zu schlüpfen. Sie folgt, zieht ein Abendkleid sowie ein feines Jäckchen an und legt sich ihr gutes Parfum auf. Die Karten des Konzertes hängen bereits seit zwei Monaten (Es war ihr Geburtstag.) am Korkbrett im Eingangsbereich. Jeden Tag konnten sie die Karten sehen.

Jetzt steigen sie in ihren neuen Wagen und fahren bis in die Tiefgarage der Philharmonie. Von dort gehen sie ins Foyer, um noch einen Wein zu trinken und die Atmosphäre des Hauses auf sich wirken zu lassen. Es ist ein geschäftiges Gewimmel aus gerichteten und ungerichteten Schritten im Foyer. Leute geben ihre Jacken ab, oder ihre Taschen. Sie gehen auf Toilette oder suchen schon den richtigen Eingang für die Sitze, die auf ihren Eintrittskarten vermerkt sind. Auch die Stimmen in diesem Foyer können als Gewimmel bezeichnet werden. Darin passen sie zu den Bewegungen der Menschen. Unsere beiden Protagnist*innen machen sich nun auch auf den Weg zum Konzertsaal, reihen sich ein und nehmen ihre Plätze auf den Klappsesseln ein. Auf der Bühne rücken Techniker*innen Stühle und Lichter zurecht, einzelne Musiker*innen bringen ihre Instrumente auf die Bühne, stellen sie dort in die entsprechenden Ständer. Dann wird es leer auf der Bühne. Das Licht dimmt sich langsam, ein Hagel an Husten- und Räuspergeräuschen schlägt nieder. Dann kommen Musiker*innen auf die Bühne. Einige mit, andere ohne Instrumente. Es beginnt das finale Stimmen.

Schließlich kommt, nach einer kurzen Stillephase – erneutes Räuspern und Husten – die Dirigentin auf die Bühne, sie begrüßt die Musiker*innen aber vor allem den ersten Geiger, geht auf ihr Podest und lässt den aufgekommenen Applaus abebben. Dann macht sie sich bereit. Jede Dirigent*in hat andere Rituale. Mit einem Schwingen des Taktstockes beginnt das Konzert.

Das sollte reichen.

Was wir nicht genannt haben: Es gab in der Philharmonie Personen in aufwendiger Kleidung, die klimperte und raschelte, einige waren eher unangemessen gekleidet; das Publikum bestand hauptsächlich aus Leuten, die eher über 60 waren; einzelne Sessel quietschten auffällig; einmal ging jemand auf die Toilette … und der Huster im dritten Satz wird für die Zuhörer*innen für immer Teil des Stückes sein. Auch wenn sie meinen, das ausblenden zu können.

Zählen Sie gern die unausgesprochenen akustischen Eindrücke in diesem kurzen Text. Und nun addieren oder multiplizieren Sie hinzu, was die Frau als angestellte Juristin im Büro täglich wahrnimmt. Er ist auf dem Bau tätig. Sie haben zwei Kinder. Denken Sie nur an die ganzen Familienfeste! (Die Aussage, dass unser Gehör immer umwölkt ist von Einflüssen, ist schon eine Plattitüde. Siehe Cages „Silence".)

Aus welcher Hörsphäre erwachsen ihre Gewohnheiten, Vorlieben und ihr Verständnis?

Und wann hat diese Geschichte tatsächlich begonnen? Beim Aufwachen? Aber es wird ja auch von ihren Berufen gesprochen. Mit den Berufen sind stets auch der schulische Werdegang sowie Studien oder Ausbildungen mitgedacht. Dahinter wiederum verbirgt sich eine vorschulische Kindheit sowie die Kreuzwege mit Freund*innen, Begleiter*innen, Partner*innen. Auf welchen Medien haben sie welche Musik gehört, welche Konzerte besucht, welche Ausstellungen und welche Bücher haben sie gelesen, welche Dinge gebaut und gebastelt? Hat eine Konzerthörer*innen vielleicht einen Hörfehler, ein Hörgerät gar? Und schon verunendlicht sich die Geschichte. Michael Ende hatte Recht, aber er hat leider nur einen seiner Romane „die unendliche Geschichte" genannt. Alle Romane hätten es verdient, so genannt zu werden. Ebenso wie auch jedes Musik"stück". Somit verliert es seine Stückhaftigkeit.

Wann genau hat das geschilderte Konzert angefangen? Es hat eben nie angefangen. Wir haben es nur ritualisiert, um einen gewissen Anschein zu wahren. Wir rahmen es ein, wie wir dies auch mit Gemälden tun. Das Rahmen soll unser Verständnis unterstützen. Daher können wir zum Beispiel über Musik sagen, es sei geordnete Klangkunst, oder ein System akustischer Ordnung oder so. Dieses Verstehen aber ist nichts anderes als selektieren und evaluieren, was in seiner Folge unser Hören präformiert. Wir hören Rilke rufen: Ihr bringt mir all die Dinge um. Dieses Verstehen ist dem Leben übergestülpt worden. Es scheint der Orientierung zu dienen, verleugnet aber die Magie, die in den Dingen steckt. „Mehr Dunkel!", möchten wir rufen.

Was wir hier über Musik sagen, gilt gleichsam für andere Künste. Aber im Besonderen wollen wir nochmals auf die Literatur schauen. Selbst das Schreiben muss immer im Wissen leuchten und das ruckhafte Ziehen spüren, dass es nie fertig ist. Worte drehen sich und verändern sich, sie streiten miteinander und jeder Text, der in sie einfällt, macht sie anders, neu, jede Leser*in verändert den Text, macht ihn neu und wenn nicht neu, dann doch anders.

Ich habe einmal einen Text zu Leslie A. Fiedler geschrieben, den ich als Palimpsest zu Fiedler verstanden wissen will. Fiedler vertrat in seinem Text, der übrigens keinen Ursprungsort hatte (Der Text war gleichzeitig in sehr verschiedenen Zeitschriften erschienen.), die Forderung, man solle die Schwelle (eigentlich „gap", also Kluft) zwischen höherer und niederer Kultur schließen. In meinem eigenen

Text wollte ich die Grenzen zwischen allen Texten und Genres schließen. Zitate (umgeformt in Fragen) reihten sich unkommentiert aneinander, Faksimile und Werbung waren in den Text eingeflochten ebenso wie ein Theaterstück, das gleichzeitig den Text Fiedlers enthielt, allerdings nicht im Original. Der Text bestand auch aus mehreren CDs, Musikempfehlungen, einem Film. Das erste Wort meines Textes ist „und".

Man kann sich dem aber auch aus anderer Richtung nähern. Und genau das tun wir mit den Spazierklängen. Wir wissen, dass wir keinen Anfang setzen und nicht die ersten sind. Wir beenden damit auch nichts, sondern schleichen uns in einen Diskurs ein. Sprechen wir folglich von Grenzen, von Beginn, von Hineingehen und deren Gegenteilen soll dies immer als ephemeres Empfinden der besonderen Situationen gedeutet werden und im Hinblick darauf, dass wir selbst die Grenzen weder annehmen noch spüren. Vielmehr gehen wir damit auf die Grundbedürfnisse eines Diskurses ein, der schon uralt ist.

Diesen Überlegungen scheinen für uns auch Ansätze innezuwohnen, die sich gegen die Aufspaltung der Gesellschaft im Allgemeinen richten. Ohne Anfang und Ende gibt es in gewisser Weise auch keinen Rassismus, Sexismus, Gendergewalt und Speziesismus. Dies ist nicht in einer Nivellierung, sondern in der Anerkennung einer Wesenhaftigkeit, der die Grenzen inhärent sind.

Bei: Hombroich - Für

An einem wundervoll sonnigen und lauwarmen Tag fuhren wir zur Raketenstation Hombroich. Der Ort besticht durch seine architektonische Ausformung und gleichzeitig seiner auch naturverbundenen, abgeschiedenen Lage und somit seiner Exklusivität.

Für mich ist die Architektur die perfekteste – besser: umfangreichste – aller Kunstformen. Während alle andere Kunst wie ein Extra wirkt, ist die Architektur, gewiss auch die Gartenbaukunst, ein uns nicht nur Umgebendes, sondern sowohl integraler als auch notwendiger Bestandteil unseres Seins. Jeder Moment, den wir mit Gebäuden verbringen, ist Interpretation. Unser Umgang mit ihnen ist Reflektion unserer Lebensform. Dabei ist die Architektur gleichsam unmittelbar wie auch alltäglich. In einer Wechselwirkung beeinflusst unsere Umgebung – und die Möglichkeit, Räume zu schaffen – unsere Sichtweise auf die Welt, in ökonomischer, ästhetischer, potenzieller, wertschaffender Weise.

Das hatte mich vom ersten Moment an Holgers Performanceansatz des transformierenden Raumes fasziniert. Er zeigt die Möglichkeiten auf, die einem Raum innewohnen, indem er die ordentliche Raumnutzung befragt. Er kitzelt Geschichten aus den Räumen heraus. Bisweilen verleiht er ihnen gar ihre Räumlichkeit (Siehe Essay: Raum).

Mit den Spaziergängen sollte die Schlagrichtung geändert werden. Wir wollten weg von den vorgeprägten Orten, den vorinstallierten Interpretationen hin zu den nicht amorphen aber grundsätzlich nicht menschlich durchzogenen Orten. Inwiefern könnten wir sie transformieren, verräumlichen? Leider entstand in uns eine Erkenntnis, (die sich hier in den Essays nachvollziehen lässt) die uns nicht mehr losließ: Alles unterliegt der menschlichen Genehmigung.

Jeder gewachsene Baum hat die Berechtigung erhalten, auf die Art, in der er uns erscheint, an der Stelle, an der er steht, gewachsen zu sein. Nicht immer darf er weiterwachsen. Nicht immer darf er wild wachsen. Jeder Baum ist dem menschlichen Willen ausgesetzt.

Beim ersten Anblick wirkt ein Wald aber natürlich gewachsen. Dabei setzt man seine Füße auf ausgetretene Pfade, die ja in besonderer Form gleichsam Interpretation der Fortbewegung und Nutzungswünsche der Menschen sind. Sie sind auch Schutz der Natur.

Der Wald ist anders als die versiegelten Flächen, der Häuser, Straßen und Plätze, auf denen der Mensch sich hauptsächlich bewegt. Er wirkt chaotisch, unübersichtlich. Tiere und Pflanzen haben ihre eigenen Rhythmen, die man nur langsam mit eigenem Auge zu verstehen lernt. Vorgänge sind uns nicht immer zugänglich, auch wenn die Wissenschaften dies gewiss beschreiben könnten. Dadurch wird der Raum ein anderer. Daraus erwächst die Mystik des Waldes. Unsere Märchenwelt hat dies nur allzu oft zelebriert. Auf eine besonders faszinierende Art ist er uns aber nicht entfremdet, sondern umhüllt uns wie eine lebensfrohe Decke mit seinen Düften, Geräuschen, Klängen, der Ruhe seines Antlitzes. Daher werden heute Kurse erschaffen, die uns die Magie und Herrlichkeit des Waldes wieder nahebringen sollen (zum Beispiel: Waldbaden).

Das Meer ist diesem ähnlich. Allerdings noch phantastischer, weil das Meer uns unverfälscht kein Lebensraum sein kann und sogar eine auch vernichtende Kraft haben kann.

Mit der Raketenstation Hombroich hingegen verließen wir leicht unseren Weg der Naturpfade, indem wir uns in einen Park begaben, der besonders durch seine architektürliche Gestaltung zu beeindrucken weiß. Wir gingen langsam, hielten uns gleich rechts und gerieten an eins der vielen geradlinigen Backsteinhäuser, das unbenutzt schien. Vielleicht dient es dazu, vorübergehende

Veranstaltungen zu beherbergen. Die Wiesen an dieser Stelle sind wild, urwüchsig. Wir versuchten an den Wänden des Hauses zu trommeln. Aber interessanter für uns war ein metallener Deckel, der wie ein Kanaldeckel erschien, mit einem röhrenförmigen Belüftungsrohr. Dieses Rohr ließ eine große Varietät an Klängen zu. Wir spielten mit hölzernen Rods wie auch welchen aus Plastik.

Kurz zuvor hatten wir meiner Meinung nach einen der emblematischsten Momente unserer Spazierklänge. Ich erkundete gerade noch das Interieur des Hauses, indem ich mich nah an die Scheiben drückte. Es war nichts zu erkennen. Da drehte ich mich zu Holger. Dieser stand an einer brusthohen Distel, die er begonnen hatte, mit leichten Strichen sowie trommelnden Fingern zu erkunden. Die Distel wog sich nur sanft. Er machte eine kleine und auch kurze Performance. Dann drehte er sich zu mir um und sagte: „Ich bin es doch wert." Daraufhin wurde das Thema der Resonanz von Performances ein wichtiges Thema für uns (Siehe Essays: Infrastruktur, Raum, Langsamkeit, Eleganz).

Auf dem Grundstück gingen wir den vorgezeichneten Zementweg entlang, schauten in die Häuser, die sämtlich verschlossen waren, trommelten wenig, probierten aber zum Beispiel Echos aus.

An zwei Plätzen hielten wir noch an. Einer war gestaltet durch zwei große metallene Schüsseln, die einmal nach unten und einmal noch oben gewendet waren. Besonders mich faszinierten diese Installationen. Später sollten wir entdecken, dass genau dort die Abschussrampen für die Raketen gestanden hatten.

Die nach unten gewendete Schüssel erzeugte eine klangliche Kuriosität, die uns erst später auffallen sollte. Ich spielte unter ihrer tiefsten Stelle mit Tennisbällen und einer zerdrückten Dose auf dem Zementboden. Jeder klang wurde durch mannigfaches Echo vervielfältigt. In dieses Echo versuchte ich mich einzufinden. Ich spielte gegen das Echo an oder ließ es verklingen, versuchte mich mit ihm zu synchronisieren oder das Echo als „eigentlichen" Klang in den Mittelpunkt zu stellen. Holger saß auf den angedeuteten Zuschauerplätzen. Er hörte das Echo nicht. Später sollte er sagen, dass es schön war, mich zu beobachten und auch mir zuzuhören, weil ich mit meinen Bewegungen im Einklang zu sein schien.

Die andere Schüssel hat in der Mitte ein Loch, sodass man, wenn man gebückt in sie eintritt, in der Mitte der Schüssel stehen kann. Wir standen in der Mitte eines immensen Gongs, der unendlich zu schwingen schien. Ich ließ Tennisbälle in ihr hüpfen und rollen, spielte mit den Gong-Sticks auf ihrem Rand. Das Echo der einen Schüssel ist hier die Schwingungslänge.

Der zweite Platz ist eine betretbare hölzerne Skulptur in der Form eines großen aber schiefen Quaders, der durch kreuzförmig verlaufende Gänge durchzogen war. Ich schätze ihn auf ungefähr sechzehn Meter im Quadrat. Im Inneren entstanden ferner zwei schiefe Podeste, auf denen man reichlich Platz zum Sitzen hatte. Auch hier traten wir wie in ein riesiges Musikinstrument. Holger versuchte sich wischend, kratzend, klopfend, trommelnd dem Cubus anzunähern. Seine Performance war sehr intensiv. Er spielte mit Lautstärke, Bewegungsformen, trommelte in alle Richtungen. Sein Trommeln war traurig, melancholisch. Eindrucksvoll ließ er im stillen Gedenken am Schluss, in einer ungemütlich anmutenden Körperhaltung den Kopf wiederholt gegen die Außenwand schlagen. Immer leichter, aber lange. Holger hat immer auch davon geträumt, die gesprochene Sprache durch andere Kommunikationsformen zu ersetzen beziehungsweise zu ergänzen. Seine Aktion nun referiert auf eine vergangene Konferenz, auf der Holger im Gespräch genau diese Geste des klopfenden Kopfes einfügte, um dem Gespräch eine neue Ebene hinzuzufügen.

Auch die Spazierklänge sollen genau diese Erweiterung ausloten.

Meditation zu Bruce Lee

„Be water"

Empty	Leere deinen Geist!
your mind,	Der leere Geist ist da ___
	Der leere Geist ist aufmerksam ___
be	Der leere Geist ist konzentriert ___
formless,	Der leere Geist ist gespannt ___
shapeless	Der leere Geist ist gleichsam entspannt
—	___
like water.	Der leere Geist ist frei von Traditionen
	___
	Der leere Geist ist frei von Geschichte
	___
Now you	Der leere Geist ist frei von Gott ___
put water	Der leere Geist ist ein geleerter Geist
in a cup,	___
it	Der leere Geist ist alle Farben ___
becomes	Der leere Geist ist alle Stimmungen
the cup;	___
You put	Der leere Geist ist alle Töne oder
water	Klänge ___
into a	Der leere Geist ist frei von Vorurteilen
bottle	___
it be	Der leere Geist ist friedlich ___
comes	Der leere Geist ist freiheitlich ___
the bottle;	Der leere Geist ist fokussiert ___
You	Der leere Geist nimmt wahr ___
put it	Der leere Geist ist zukunftsoffen ___

in a tea   Der leere Geist ist alle Sprachen der
pot   Welt ___
 it   Der leere Geist ist wertfrei ___
becomes   Der leere Geist ist frei von Urteilen ___
the tea   Der leere Geist ist Meditation ___
pot.   Der leere Geist ist frei von Gelerntem

               ___

               Der leere Geist ist weise ___
               Der leere Geist ist mündig ___
               Der leere Geist ist frei für alle Richtungen

               ___

Now   Der leere Geist weiß   noch nicht.
water can   Der leere Geist ist bewusst ___
 flow   Der leere Geist ist alle ___
 or   Der leere Geist ist DA.
it can
crash.

               Sei formlos!
               Sei der leere Geist
                       Sei ungreifbar
                       Sei keine Kategorie
                       Sei nicht berechenbar
               Sei nicht irgendwie
               Sei frei, etwas zu sein
               Sei für alle Interpretationen offen
               Sei offen
               Sei Wasser
               Sei Wasser!
               Sei schlafende Explosivität
               Sei, was es benötigt
               Sei anwesend
               Sei wachsam
Be water,   Sei bereit
my friend."   Sei alles

Sei in der Umwelt
Sei diese Umwelt
Sei nicht festgestellt
Sei die Möglichkeiten des Augenblicks
Sei Wasser!
Sei eine Freund*in!

Sport
Den Himmel mit der Hand berühren

2d7n – dos de set nets; 4d7n – cuatre de set nets; 4d8 – cuatre de vuit; 3d8f – tres de vuit amb folre; 4d9f – cuatre de nou amb folre; 5d8 – cinc de vuit; 3d9fm – tres de nou amb folre i manilles; 7d8 – set de vuit. Acht farbige großformatige Bögen hängen an der weiß getünchten Wand. Ein wandfüllendes Plakat mit Aufnahme eines vielstöckigen Menschenturms hängt an der gegenüberliegenden Wand. Alle Beteiligten an diesem Menschturm haben das gleiche rosagestreifte Hemd. Auf der Spitze steht ein Kind mit einem Helm. Es streckt den Arm gen Himmel. Am unteren Rand des Bildes steht in großen Buchstaben: „Castells, tocant el cel amb la ma" (Castells, den Himmel mit der Hand berühren).

Noch ist hier nicht viel los, aber es sind auch noch knapp fünfzehn Minuten, bis das Training oder die Probe beginnt. Dann werden bis zu zweihundert Sportler*innen den Raum füllen. Sie werden gemeinsam Türme bauen, mit nichts weiter als Körperkraft, Gleichgewicht, Mut und Vernunft (Siehe: https://www.youtube.com/ watch?v= Pm-YgfXXK98).

Noch aber ist es ganz ruhig im Raum. Jetzt tritt Eric ein. Er muss einmal quer durch den Raum, um zu den Anhängen zu gelangen, die er kurz kritisch betrachtet. Dann legt Eric den schweren Schlüssel laut klimpernd auf die hüfthohe Kommode. Eric ist immer der erste. Dann schließt er den Raum auf und bereitet das Training vor. Dazu verwendet er seinen Laptop, den er nun hochfahren lässt. Eric öffnet das entsprechende Programm. Das Programm ist extra entwickelt worden, um die Proben zu organisieren. Die heutige Probe ist bereits darin gespeichert. Der Beamer springt an und projiziert das Bild des Laptops auf eine große Leinwand.

Eric trägt ein grobes Hemd mit dem Aufdruck und dem Wappen der „Xiquets de Tarragona". Das Hemd ist in den Vereinsfarben weiß mit rosa Streifen gehalten. Ganz genau wie es auf dem Plakat zu sehen ist. Dazu hat er weiße Hosen an. Seine Schuhe, leichte Sandalen, hat er bereits abgestreift.

Er tritt ein paar Schritte zurück, um die Projektion besser sehen zu können. Er überprüft ein paar Namen, überprüft ein paar Lücken, die noch zu sehen sind. Er hofft, dass heute viele Teilnehmer*innen kommen. Dann können sie die Lücken noch schließen.

Eric blickt sich gedankenverloren im Raum um. Dieser ist hoch. Er misst bestimmt sechzehn Meter. Damit ist er höher als breit oder lang. Auf halber Höhe, in circa vier Metern Höhe, hängt zusammengefaltet ein grobmaschiges Netz, das drei große kreisförmige Löcher aufweist. Durch diese Löcher, denke ich, passen zwei erwachsene Personen.

Bis auf einige vertikale Gerüststangen gibt es keine weiteren Installationen. Die Wände sind in einfacher weißer Farbe getüncht. Der Boden ist mit härteren Matten ausgelegt, wie man sie aus dem Fitnessstudio kennt. Der ganze Raum zeigt, hier kann gefallen werden. Aber er zeigt auch, dass eigentlich nicht gefallen wird.

Auf der linken Seite hat Eric mit Alfonso gestern die acht farbigen Bögen mit den Codes an die Wand geheftet. Das sind die Formationen, die heute trainiert werden sollen. Es ist eins der letzten Trainings vor dem großen Stadtfest, der festa major. Es ist eine der Feste, an welchem auch das lokale Fernsehen anwesend ist. Das Treffen wird live übertragen.

Eric sieht, wie Jordi durch das große Portal in den Raum tritt. Jordi ruft eine laute Begrüßung zu Eric, der freundlich aber kurz angebunden antwortet. Eric ist schon längst wieder in sein Computerprogramm vertieft. Jordi schaut sich um, aber bislang ist noch niemand sonst da. Er legt seinen Rucksack ab.

Jordi war heute nur sehr kurz zu Hause, um seinen kleinen Rucksack zu packen und etwas zu essen. Er braucht nicht viel: die faixa (ein traditioneller Nierengurt bestehend aus einer langen Stoffrolle), ein mocador (traditionelles rotes Taschentuch mit weißen Punkten) das Hemd und ein Wasser. Die Kleidungsstücke holt er aus dem Rucksack. Dann wechselt er sein T-Shirt gegen das rosagestreifte Hemd. Nach der Arbeit hatte er nur Zeit für ein schnelles Abendessen, bevor es losgeht zum Training. So hat er sich nur schnell ein Tomatenbrot gemacht. Dann läuft er zügig zum Rathaus, in welchem die Probe stattfindet.

Gestern war er im Kraftraum, um Beine und Rücken zu trainieren. Neben Kniebeugen, hat er auch seine Unterschenkel gefordert. Abgerundet hat er sein Training mit Bauchübungen. Für den Rücken hat er schließlich noch eine Runde Yoga angehängt. Seine Muskeln fühlen sich heute weich an, wenn er auch etwas die Anstrengung von gestern merkt.

Jordi ist jetzt seit fünf Jahre bei der colla (grob: Verein). Er ist über Matias, seinen Kollegen, dazu gekommen, der ihn damals richtiggehend ins kalte Wasser geworfen hat. Matias ist schon seit Kindesbeinen bei der colla. Matias beschrieb Jordi die castells wiederholt und so plastisch, dass dieser schließlich auf einem großen Fest in Mataró eines zu sehen ging.

Die castells schlugen ihn direkt in einen Bann. Er ging auf den zentralen Dorfplatz. Dort sollten die castells gebaut werden. Der Platz war übervoll. Es war laut und farbig. Man erkannte die einzelnen colles. Dann, plötzlich, bildete sich an einer Stelle aus dem Menschengewimmel ein großer Kreis. Alle in dem Kreis hatten dunkelblaue Hemden an. Auf der Brust hatten sie alle das Emblem ihrer colla. Auf dem Nacken die katalanische Fahne. Sie rückten eng zusammen, sodass Brust an Rücken drückte. Die Arme streckten sie in Richtung Mitte nach oben, sodass sie sich jeweils am Handgelenk oder am Ellbogen fassen konnten. Da kletterten auch schon weitere Personen auf diesen unteren Kreis, liefen über deren Schultern und Köpfe hin zur Mitte. Immer mehr kamen hinzu, sodass sich schnell eine zweite und dritte Ebene bildeten. Dann hob Musik an zu spielen. Gralles und timbals. Ihr schriller und pulsierender Klang übertönte nahezu die Zurufe. Acht Personen standen nachher gestapelt übereinander, hielten sich unter großer Kraftanstrengung und Konzentration im Gleichgewicht. Dann wurde das castell auch schon wieder abgebaut.

Die Bilder der castells können eine immense Intensität erlangen.

Die castells haben eine Höhe von zehn Ebenen erreicht. Dies ist bislang der Rekord. Elf Ebenen scheinen laut letzter Untersuchungen durchaus möglich zu sein. Allerdings wird davon gesprochen, dass man in diesem Fall das castell aufbauen wie auch unbedingt auch wieder abbauen muss, da ansonsten bei der Höhe mit Sicherheit Leute zu Schaden kommen würden, sollte es in sich zusammenfallen.

Der Aufbau der castells ist eine delikate Angelegenheit. Das ganze castell wackelt und pulsiert, während die castellers eine nach der anderen an den Rücken der bereits Positionierten hinaufklettern. Sie verhaken dafür ihre Füße in deren Kniekehlen, klemmen dann ihren Fuß in die faixa, um mit etwas Schwung auf die Schultern zu klettern. Dann richten sie sich auf und stehen frei. Die castellers auf jeder Ebene greifen fest in das dichte Gewebe der Hemden ihrer Nachbarn. Zwei bis neun können auf jeder Ebene stehen. Allerdings gibt es auch sogenannte pilars, bei denen immer nur eine auf dem Rücken einer anderen steht.

Unterstützt wird der Aufstieg durch Zuschauerzurufe, die Musik sowie Anweisungen der Teamleiter*innen. Wenn es manchmal etwas waghalsig wackelt, brausen „Ohs" und „Ahs" aus der Menschenmenge auf. Manchmal zittert das ganze castell derart bedenklich, dass man denkt, dass es gleich in sich zusammenfällt.

Sobald das Kind, das die Spitze bildet, seinen Arm hebt, werden Jubelrufe laut, die schließlich auch den Abbau begleiten. Es gibt Applaus und „Bravo"-Rufe. Dann mit dem letzten Ton platzt es auch aus den castellers heraus. Es wird gefeiert, gesprungen, getanzt. Es wird die „Hymne" der colla gesungen. Das castell löst sich im Farbenmeer der anderen colles auf. Es ist ein wunderschönes Bild. Tausende Menschen vereint, um gemeinsam diese alte Tradition zu feiern.

Bereits beim ersten Hören fand Jordi die Musik wunderbar. Wenn die colles den Platz betreten, geht sie ihnen voran. Schon von weitem kann man sie in den Gassen hören. Die spitzen Töne der gralles schallen durch die Wege zum Platz, begleitet von den schnellen Schlägen der timbals. Es sind alte Musikinstrumente. Traditionelle Musikinstrumente. Verschiedene colles verwenden sie möglichst in ihrer historischen Form. Das gespielte Stück ist immer das gleiche. Die Musik ist einfach, repetitiv. Sie bildet den Rhythmus für Auf- und Abbau. Dabei markiert sie den Punkt, an dem die ersten Ebenen eines castells sicher stehen, den kompletten Aufbau, um dann zum Abbau die Melodie zu wechseln. Dann beschließt sie mit einem Akzent auch den Abbau eines castells.

Daher haben die kleinen Orchester hauptsächlich zwei Lieder in ihrem Fundus. Aber natürlich auch noch die katalanische Hymne: „els segadors", die wiederholt bei den Zusammentreffen gesungen wird, was die castells noch einmal tiefer in die katalanische Tradition einbettet und was auch die verschiedenen colles miteinander verbindet.

Als Jordi mit Sara in Vilafranca war, schupste Matias ihn in den großen Kreis, den die Xiquets bereits gebildet hatten. Man vereinnahmte ihn direkt. Da fand er sich nun wieder, angeschmiegt an unbekannte Leute, eng verbunden mit den anderen. Er liebte dieses Gemeinschaftsgefühl, diesen Geist der Einheit, Geborgenheit und des Vertrauens. Es ist anstrengend dort zu stehen. Mit aller Kraft drückte er seine Brust an den Mann, der vor ihm stand. Der bat immer um noch mehr Druck. Gleichzeitig wurde Jordi von hinten gedrückt. In der Sonne kam Jordi schnell ins Schwitzen. Die Leute um ihn herum gaben ihm Hinweise, wie er seine Stellung verbessern könne. Im Nachhinein lagen sich alle in den Armen. Ihnen rollte der Schweiß das Gesicht herunter. Jordi mag diese Unmittelbarkeit, die ohne Kontaktscheu auskommt. Sicherlich kann die Enge in der Basis des castells, der pinya, auch Angst machen, aber Jordi sagt, man gewöhne sich daran. Er betrachtet es wie eine Meditation, schließt regelmäßig die Augen, kontrolliert seine Atmung und konzentriert sich auf den Rhythmus des castells.

Jordi streift sein leichtes T-Shirt ab und nimmt sich ein kariertes derbes Hemd. Er knöpft es bis knapp zur Brust. Er tauscht seine Hose, dann streift er seine Espardenyes wieder an. Das Hemd stopft er in die Hose.

Bis die Probe heute losgehen kann, hat Jordi offenbar noch etwas Zeit, denn bislang sind nur er sowie Eric da. Sein Blick streift zu Eric und den angehefteten Bögen. 4d9f. Das ist wirklich schwierig. Vier im Quadrat aufgestellte castellers in neun Ebenen übereinander. Das wollen sie auf der festa major zeigen. Im Training haben sie das immer wieder geprobt, es hat gut geklappt, aber sie haben es auch verschiedene Male in der Hälfte wieder abbauen müssen. Dann hatte es sich verschoben, war nicht gerade genug, oder einzelne castellers haben sich nicht getraut, weiter hinaufzuklettern. Neun Stufen müssen sehr gut geplant sein. Gerade die untersten Ebenen müssen dafür sicher stehen. Die pinya muss opak sein. Sie stabilisiert schließlich die in der Mitte stehenden castellers wie auch die zweite Ebene und muss das ganze castell im Gleichgewicht halten. Sie bilden aber auch eine Abrollfläche, sollten die Türme doch einmal zusammenbrechen. Bei dem 4d9f steht sogar noch eine kleinere zweite pinya, die folre, auf der untersten Ebene, um die Kraft besser auffangen und verteilen zu können.

Im Moment ist das 4d9f das höchste der Gefühle, denkt Jordi. Mehr schaffen die Xiquets gerade nicht. Wollte man dies analysieren, käme man wohl darauf, dass es für größere castells an Personen fehlt und an Konsistenz bei den Proben. Vielleicht fehlen auch einzelne Personen, die Mut, Stärke, Durchhaltevermögen mitbringen, die momentan fehlen könnten. Es gibt auch Stimmen, die sagen, dass der cap de colla, der die Proben wie auch die gezeigten castells organisiert, zu konservativ sei. Er bestimmt in Absprache mit ein paar anderen Verantwortlichen Form und Höhe der castells, legt Proben in Gestalt und Länge fest, hält die Gruppe (auch emotional) zusammen. Der cap de colla entscheidet auch über die verschiedenen Rollen, die die castellers einnehmen. Jordi findet die Kritik unangebracht. Er findet, dass Alfonso, so heißt der cap, sehr bemessen agiert. Er strahlt Ruhe und Vorsicht aus. Gleichzeitig nimmt er sich nie aus der Verantwortung. Alfonso kennt seine colla sehr gut, kann hervorragend deren Charaktere einschätzen. Gleichsam hat er ein gutes Gespür für die Stimmung, aber auch die Empfindlichkeiten einzelner. Es ist wunderbar zu erleben, wie eng in einer colla verschiedene Altersgruppen zusammenarbeiten oder zusammenspielen und mit wie viel Respekt sie miteinander umgehen. Aber so eine Gruppe zu formen, ist nicht ganz leicht. Wir sprechen hier auch nicht von professionellen Sportler*innen. Wir sprechen von großem körperlichem Einsatz und Aus-druck, die getragen werden durch Hoffnungen, Wünsche, der Liebe zum Sport, dem Gemeinschafts-willen, Freundschaften, Familiendynamiken, umfassender Einlassung wie auch Einfügung, Ideale, Entwicklungsvorstellungen. So bleibt es nicht immer und nicht für jeden ein Hobby oder eine Nebenbeschäftigung. Die castells sind Ausdruck ihres Seins und Schaffens. Das Phantastische ist, dass es keine Ego-Schleife zulässt. Castells sind Gemeinschaft. Diese Gemeinschaft zu spüren, ist Jordis Wille. Das treibt ihn dazu, immer wieder an sein Äußerstes zu gehen, sich zu verausgaben.

Daher bedeutet es ihm nichts, dass andere colles regelmäßig größere castells bauen.

Erst kürzlich gab es den „concurs de castells" in Tarragona, der normalerweise alle zwei Jahre ausgetragen wird. Das ist der zentrale Wettbewerb für castells. Die colles gehen dort an ihre absoluten Grenzen. Viele aber stürzten in diesem Jahr. Die Stimmung schlug um. Die Gesichter der castellers zeigten Sorge. Ihre Muskeln verkrampften sich. In der pinya standen extra für den concurs angeworbene Personen, die bisweilen über keinerlei Erfahrung verfügen, die aber gleichsam ihre Gesundheit gefährdeten. Anders als bei anderen Zusammentreffen, halfen sich die colles untereinander nicht.

Dennoch, findet Jordi, ist es schön, dass so viele Menschen zusammenkommen, den Sport feiern und zeigen, was sie können. Dass dies bepunktet wird, macht für ihn keinen Sinn. Schließlich gibt es gar keine einheitlichen Voraussetzungen für alle, auch wenn der Maßstab für alle der gleiche ist.

Jordi hat als sehr guter Fußballer dem Fußball genau deswegen den Rücken zugedreht. Im Fußball wie auch in anderen „großen" Sportarten (Siehe: Basketball, Fußball, Tennis, American Football, Baseball …) kann man ein völlig unreglementiertes Preissystem erkennen. Da es keine festen Maßstäbe gibt, führt das zu einer wahren Entfesselung an Geldressourcen. Das wiederum hat den Sportarten ihren Charme und Sinn genommen. Die Profis sind in ihrer Performance den anderen Sportler*innen derart enteilt, dass sich eine große Kluft auftut, die sich für die meisten als unüberwindbar darstellt. Gleichsam folgen die Sportler*innen den Geldströmen. Auch diese unterliegen keinem Maßstab oder

Wertesystem, was nicht der Mehrwert ist. Athlet*innen werden somit zu Anlageprodukten. Überhaupt zu Produkten. Es gibt keine Ortsgebundenheit, keine Identifikation, keine Ideale, keine Bindung im Generellen. Der Blick ist immer nach oben gerichtet.

Noch heute spielt Jordi in einem örtlichen Verein Fußball. Es gibt schon Leute, die ihm vorgeworfen haben, ambitionslos zu sein. Sie werfen ihm vor, vor Angst erstarrt zu sein. Ihm ist sogar fehlender Stolz vorgeworfen worden. Jetzt ist er froh, dass er in ein Alter kommt, da diese Stimmen leiser werden.

Sara, Jordis Frau, hingegen ist sehr lange im Leistungskader Fahrrad gefahren. Sie ist sogar in den Teams mit Größen wie Judith Arndt, Trixie Worrack oder auch Kristina Vogel gefahren. Um dorthin zu gelangen, hat Sara ihre Schulausbildung schleifen lassen. Morgens und abends ging es ins Trainingszentrum. Kilometer um Kilometer brachte sie auf die Straße. Immer am Limit. Manchmal war sie so müde, dass sie im Schulunterricht eingeschlafen ist. Vor allem dann, wenn noch Krafteinheiten im Studio dazu kamen. Es stellten sich Erfolge ein. Sie gewann mehrere Stadtrennen auf der Straße. Die Gewinnprämien waren gering, jedenfalls nicht ausreichend, um ihren Lebensunterhalt davon zu bezahlen. Dann wurde sie sogar in das Jugend Nationalteam berufen. Aber sie erwischte ein wahres Pestjahr. Zunächst war sie geplagt von einer nicht enden wollenden Grippe. Schließlich verstand sich das Team untereinander nicht. Der Konkurrenzkampf in der Gruppe war zu groß. Sara war stets zurückhaltend, ruhig und versuchte, sich herauszuhalten, was ihr aber nur leidlich gelang. Bei den anstehenden Meisterschaften fuhr das Team den anderen hinterher. Im Laufe der Zeit wechselten einige wenige der Fahrerinnen um sie herum nach und nach in den professionellen Bereich, bekamen mehr oder weniger lukrative Verträge. Auch Sara wurde zu etwas eingeladen, was die Vereine Probetraining nennen. Es wurde immer ein ganzer Schwung an

Fahrerinnen eingeladen, was dazu führte, dass es auch dort zu Streit kam. Die Plätze im professionellen Bereich bei den Frauen sind sehr limitiert. Nur die absolut besten haben Chancen, ausreichend zu verdienen. Sara wurde immer wieder abgelehnt. Dabei sagte man ihr oft, dass ihr Körper nicht geeignet sei, um weiter hinauszukommen. Ihre Beine seien zu kurz, ihr Busen zu groß. Ein unterklassiges Team nahm sie dann doch auf. Neben leichten Sponsorenzahlungen und dem einen oder anderen Sieg, musste sie aber weiter Zahlungen von ihren Eltern annehmen. Eine eigene Wohnung konnte sie nicht zahlen. Sie fuhr weiter, summierte dabei viele Rennkilometer und nochmals circa das Zehnfache an Trainingskilometern. Mit Mitte dreißig konnte sie zwar ihre Ausdauerleistung halten, aber bei weitem nicht mehr ihre Schnelligkeit. Sie wurde immer häufiger für die wichtigeren Wettbewerbe nicht berücksichtigt. Dann, auch mit dem Blick auf eine mögliche Schwangerschaft, hängte sie fast unbemerkt ihre Schuhe an den Nagel. Sie fährt noch immer viel Fahrrad, aber nicht mehr im Leistungsbereich.

Sara liest sehr gerne Bücher über professionelle Sportler*innen, am liebsten natürlich Fahrrad-Stars aber auch sehr gern von Ultra-Marathonist*innen. Sie selbst war nah daran, auch dort zu sein. Trainierte wie professionelle Sportler*innen. Sie ernährte sich wie sie. Ihr Wochenplan war auf ein Leben als professionelle Sportlerin ausgerichtet. Die Berichte, meist biografischen Stils, lesen sich wie Romane einer fantastischen Welt. Die Athlet*innen wirken fern auf sie, obschon sie einige davon kennenlernen durfte.

Als Jordi die castells für sich entdeckte, konnte er auch schnell Sara davon überzeugen, es auszuprobieren. Sie sind beide dabei geblieben. Die castells geben ihnen alles, was sie sich vom Sport erhoffen. Sie motivieren sie weiterhin, an ihren Körpern zu arbeiten, aber auch an ihrer mentalen Einstellung.

Da betritt Alfonso den Raum. Bevor er zu Eric am Laptop hinübergeht, um letzte Dinge abzusprechen, nimmt er Jordi fest in den Arm. Sie sind zu sehr guten Freunden geworden, teilen ihre Liebe zum Fußball, aber auch ihre Vorliebe zu hartem Rock und natürlich den Xiquets.

Mariella und Montserrat kommen gemeinsam. Sie grüßen laut. Dann gehen sie zu einer Jordi abgewandten Ecke, um sich zu unterhalten. Vier Kinder, die mit Alfonso gekommen sind, Oriol, Jaume, Olga und Mercè, klettern an den leichten Gerüststangen hinauf. Später werden sie Helme und Mundschutz tragen. Momentan klettern sie noch ohne.

Jordi schaut auf die Uhr. Es bleiben noch zehn Minuten bis zum Beginn der Probe. Nun strömen doch immer mehr Menschen in den Raum, sie begrüßen sich mit lauten Hallos, Armschütteln, Umarmungen, Küssen auf die Wangen kleineren oder längeren Gesprächen. Heute kommen viele – hoffentlich alle. Es ist eine immens wichtige Probe.

Die Anwesenden machen sich bereit. Viele sind dabei, sich umzuziehen. Sie ziehen die gleichen groben Hemden und weißen Hosen an wie auch Jordi. Das mocador binden sich einige um den Hals, andere ums Handgelenk, wieder andere machen sich eine „Piratenhaube". Immer zu zweit binden sich die Teilnehmenden die faixa um. Dafür zieht die eine kräftig an einem Ende, die andere dreht sich um sich selbst, bis die Stoffbahn fest um die Hüfte liegt. Die Kinder setzen nun ihre Helme mit dem Wappen der colla auf.

Jordi wird von vielen seiner Freund*innen begrüßt. Kinder streifen ihm um die Beine. Jordi krempelt seine Ärmel bis über die Ellbogen hoch. Er lässt sich Zeit, rollt die Ärmel gleichmäßig hoch. Den Kragen des Hemdes stellt er auf.

Er dreht sich sein mocador ums Handgelenk. Den Knoten zieht er mit den Zähnen fest.

Ein Ende der langen faixa klemmt er in seinen Hosenbund. Die lose Rolle reicht er Fermín, der sie ausbreitet und straff zieht. Jetzt gibt es schon viele Stoffbahnen, die kreuz und quer durch den Raum gezogen werden. Mit festen Zügen dreht sich Jordi in die faixa. Fermín hält mit aller Kraft dagegen. Das letzte Ende steckt Jordi tief in das Gebinde. Sie sprechen über das kommende Wochenende. Es werden zwei diades gefeiert. Darunter ist das genannte Stadtfest, die festa major. Es ist ein wichtiges Treffen. Sie werden zum ersten Mal das 4d9f öffentlich vorführen.

Fermín ist jetzt schon dreiundsechzig Jahre alt. Er ist schon sehr lange Teil der colla und weiß so einige Geschichten zu erzählen. Ebenso gilt er als einer der Ratgeber*innen und als Ansprechstation für die Neuen.

Früher stand er mal als Basis unter den Ebenen auch der höchsten castells, doch sein Rücken macht das nicht mehr mit. Heute unterstützt er die pinya, so gut er kann. Gern erzählt er von dem Höhepunkt seiner „Karriere", da er beim „concurs de castells" in Tarragona 1982 teilgenommen hat. Er stand auf der zweiten Ebene bei einem 3d8f. Mit diesem castell gewannen sie damals den 4ten Platz. Er wurde damals mit seiner Position überrascht, war sich gar nicht sicher, ob er das bewerkstelligen könnte. Und dann war es ein solcher Erfolg.

Fermíns gesamte Familie ist bereits seit Generationen Teil der colla, weswegen man mit seinen Fotoalben nahezu die gesamte Geschichte der colla nacherzählen kann.

Heute ist seine Frau Belén die Präsidentin. Sie übernimmt gleichzeitig das Merchandising. Seine Schwester Claudia ist die Schatzmeisterin. Sein uralter Vater ist so etwas wie die gute Seele der colla. Er ist bei allen Proben dabei, stets in der Uniform der castellers und mit faixa. An der pinya nimmt er noch Teil, wenn auch heutzutage in einer nahezu passiven Rolle. Seine Söhne Pol und

Miquel spielen beide in dem angeschlossenen kleinen Orchester, während seine Tochter zumeist auf der dritten oder vierten Ebene im castell steht.

Für Fermín sind die castells eine Form des Ausdrucks. Er liebt die Geschlossenheit, das Vertrauen, den Zusammenhalt, das rücksichtsvolle, dabei aber auch kompromisslose Miteinander sowie den sportlichen Anspruch. Über die Jahre hat die colla große Sprünge gemacht. Die castells sind höher und größer geworden, weiß er zu berichten.

Er spricht gern über die castells als vereinenden Sport, der alle Menschen zusammenführt. Das Alter spielt bei ihnen keine Rolle, ebenso wenig wie die Herkunft, das Geschlecht, die körperliche Verfassung, die körperlichen Ausmaße, die Religion, aber auch die Leistungsfähigkeit, Intelligenz oder ähnliches. Jede kann an ihnen teilnehmen oder bekommt eine wichtige Rolle. Nur der enge Zusammenhalt und die Mitwirkung jeder Einzelnen führt dazu, dass ein castell erfolgreich gebaut werden kann.

Zwischen den colles kommt es manchmal zu kleineren Rivalitäten, aber am Ende, so Fermín, zählt das nicht wirklich. So erzählt er gern, wie er von Freund*innen zu einem Rekord-Versuch eingeladen wurde, bei einer anderen colla mitzuwirken. Sie schafften es unter großer Mithilfe aller möglicher Kräfte, das castell auf- und auch wieder abzubauen. Danach wurde freilich ausgiebig gefeiert.

Dieses Jahr nun wurden endlich wieder ein concurs und viele diades gefeiert, nachdem die Pandemie den castells eine zweijährige Pause verordnet hat. Das kommt einem kulturellen Knacks gleich. Für viele Teilnehmer*innen ist ihr Sport eine wichtige Säule. So sind die castells auch Teil der katalanischen Stadtfeste. Überhaupt sind sie katalanisch durch und durch. Es gibt mittlerweile auch auswärtige colles, die sich zum Beispiel Oktober 2022 in Tarragona präsentierten. Diese sind aber deutlich kleiner und haben natürlich bei weitem nicht eine so lange Geschichte wie die in Katalonien ansässigen colles.

Marisol tritt fröhlich strahlend auf Jordi zu. Sie nehmen sich fest in den Arm.

- Wow, ein cuatre de nou amb folre.

- Ja, krass, oder?

- Aber am Dienstag haben wir das gut gemacht.

- Hmhm. Wo stehst du?

- Ich bin quart, auf der vierten Ebene. Unter mir ist Aitor. Das ist gut, er gibt mir sehr klare Anweisungen und hört auch sehr gut zu. Und du?

- Ich weiß noch nicht. Aber sicherlich stehe ich in der pinya. Aber die Pläne sind noch nicht hochgeladen.

Jordi öffnet die App auf seinem Handy. Wenn der Plan der pinya hochgeladen wird, kann man dort in einer strengen Ordnung alle Namen lesen. Sie sind regelmäßig und kompakt um die inneren Träger*innen angeordnet. Es gibt lange Reihen, die jeweils ihre Rücken stützen und zwischendrin noch weitere wie Keile angeordnet.

Fermín und Jordi schauen gemeinsam auf das Handy. Jetzt kann Jordi die erste pinya des Abends aufrufen. Sein Name

Castells: L'estructura del quatre.

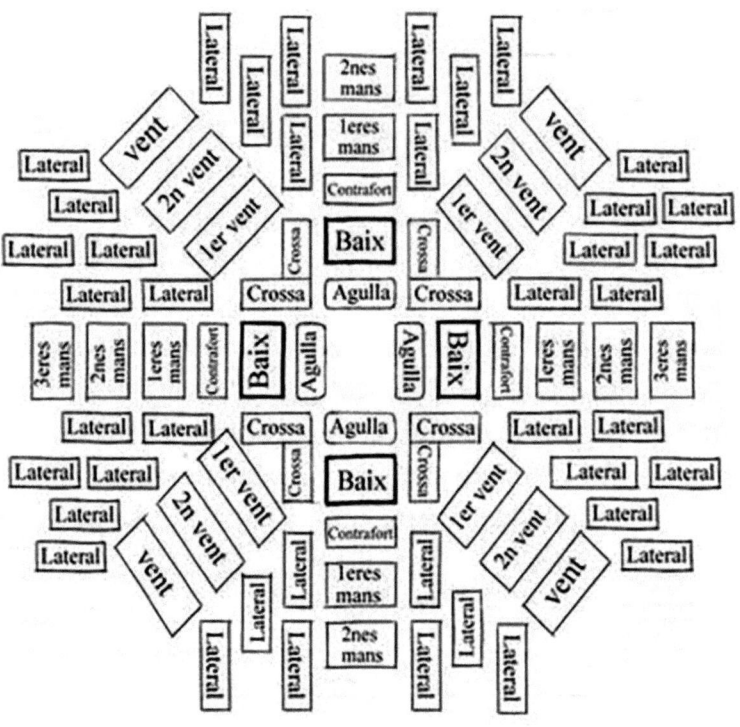

Quelle:
https://www.geocaching.com/geocache/GC842CT_monument-als-
castellers?guid=0066d5fa-6914-406f-bbd8-742da66460b5 (17.10.2022; 14:43)

ist in Rot eingezeichnet. Er wird zwischen Raúl und Marissa als lateral die pinya unterstützen. Fermín findet seinen Namen in der Aufstellung der folre. Zu seiner Rechten wird Jasmin stehen, zu seiner Linken François. Hinter ihm wird Núria eine kleine Treppe bilden.

Die beiden nehmen sich nochmals fest in den Arm, dann sucht Jordi langsam seinen Ort im Raum wie auch seine beiden Nachbar*innen. Fermín hingegen stellt sich zunächst etwas im Hintergrund auf und wartet, bis sich der innere Kreis und die Pinya gebildet haben.

Noch gibt es ein riesiges Gewusel im Raum. Die Castellers suchen ihre Position, finden sich in kleinen Gruppen zusammen, beginnen, langsam Haltung einzunehmen. Ein großes Gebrabbel erfüllt den Raum. Aus dieser Lautkulisse heraus hört man einzelne auffordernde Stimmen. Sie sind dabei, die castellers zu ordnen. Die Synchronisation ist wichtig und schwierig. Die einzelnen Puzzleteile müssen möglichst lückenlos ineinandergreifen, dies aber in einem wackeligen, beweglichen und atmenden Komplex. Einzelne Stellen sind besonders empfindlich. Aber als erstes kommt natürlich die Basis. Pere, Catalan, Salazar und Gerard bilden diese heute.

Im Hintergrund machen sich Musiker*innen bereit. Mehrere von ihnen haben gralles und timbals. Man hört sie stimmen. Die timbalers schlagen leise auf die Felle.

In der Mitte treffen sich also Pere, Catalan, Salazar und Gerard. Sie feuern sich laut an. Fest greifen sie sich an den Schultern. Verhaken sich quasi in das Hemd des jeweiligen Nachbarn zur Rechten und zur Linken.

Die pinya bildet sich, sie wird opak, je enger desto besser. Laute Stimmen ordnen, geben Anweisungen, suchen Lösungen für noch offene Stellen. Jeder einzelne Schritt wird von einem Kommando begleitet. Auf die erste Stufe steigen jetzt die nächsten castellers. Von unten werden sie mit langen Armen am Po und der Hüfte gestützt. Hinter ihnen bildet sich die folre, die ihnen den Rücken stärkt. Fix steigen nun auch die anderen auf die pinya. Während zunächst viele starke und schwere Personen das castell begonnen haben, klettern nun viele Jugendliche und leichtere castellers hinauf. Am Ende kommen Kinder. Diese bilden später die Spitze.

Recht schnell bilden sich die einzelnen Etagen, indem die castellers an den Rücken der anderen hinauf und dann über die Schultern bis zur Mitte klettern. Es wackelt. Bisweilen bedenklich. Man hört einzelne Stimmen, die um mehr Stützung bitten, kleinere Korrekturen vornehmen oder bestärken sollen. Die Gesichter sind von Anstrengung durchfurcht. In der Pinya stehen sie Brust an Rücken, den Kopf zumeist vertrauensvoll auf die Schultern des Mannes oder der Frau vor ihnen gelegt. Häufig haben sie die Augen geschlossen. Es werden Anweisungen gerufen, damit die einzelnen Ebenen gleichzeitig ihren Aufstieg beginnen. Das Gleichgewicht ist delikat.

Die dritte Ebene steht. Es werden Daumen in die Luft gereckt. Jetzt fängt das Orchester an, zu spielen. Sie spielen immer die gleiche Melodie, sobald das castell sicher ist: toc de castells. In einem Wettbewerb würde nun die Punktrechnung beginnen, die später die Sieger*innen ermittelt.

Tanya steigt zu ihrer Position in der vierten Ebene auf. Ihr auf den Fuß folgen direkt die nächsten. Ein castell muss sich immer an der Grenze zwischen Schnelligkeit und Gleichgewicht bewegen. Nun stehen schon drei weitere Personen auf Tanyas Schultern. Hinter ihr klettern nun die Kinder hinauf, die die Spitze bilden werden. Sebastian unter ihr zittert, gibt leicht Anweisungen, die Füße anders zu stellen.

Die drittletzte Ebene, die dosos, stehen nun. Jetzt fehlen nur noch der aixecador und die enxaneta

Tanyas Muskeln zittern stark. An ihrem Rücken klettert Mateo hinauf. Ihre Gegenüber, Isidro, Manuel und Marisol, animieren sie, durchzuhalten, greifen fester in das Gewebe ihres Hemdes. Sie wissen, Tanya wird durchhalten. Tut es erstmal weh, heißt es: Durchhalten. Dies gilt desto mehr, je tiefer man steht. Den eigenen Stand zu ändern, macht das ganze Gebilde instabil. Tanya drückt zwischen den Zähnen ein lautes Fauchen heraus. Schmerzverzerrt schließt sie die Augen. Ihre Arme zittern. Sie spürt, wie die Kraft sie verlässt. Die Hände ihrer Nachbar*innen greifen fester in ihr Hemd. Isidro spricht bedächtig auf sie ein, versucht sie vom Schmerz abzulenken, sie aufzumuntern. Wahrscheinlich hätte sie gestern das Schwimmtraining sein lassen sollen, denkt Tanya jetzt. Ihr Körper wirkt müde, nahezu ausgelaugt. Das castell bebt.

Olga, die enxaneta, ist auf der Höhe der dosos angekommen, ihr Fuß rutscht an der faixa von Ana ab. Sie kann sich aber noch gut an den Schultern halten. Dann schaut sie zu Alfonso hinunter. Dieser ruft ihr eine Aufmunterung entgegen. Auch andere Stimmen werden laut, versuchen, sie zu animieren. Sie schaut nach oben, dann wieder nach unten.

- Kein Problem, ruft Alfonso:

- Komm runter.

Man konnte Olgas Angst mit den Fingern greifen. Es machte keinen Sinn, sie weiter dazu zu animieren, hinaufzusteigen. Möglichst sanft beginnt folglich der Abstieg. Wie an Feuerwehr-Stangen rutschen die oberen Ebenen an den Rücken der anderen hinab. Jetzt zittert das castell deutlich. Noch vier Ebenen stehen, da knickt eine*r in den Knien ein. Die restlichen castellers fallen wild übereinander. Man hört vereinzelt Schmerzenslaute. Zum Glück waren die Kinder schon unten.

Langsam müssen sich die castellers nun „entknoten". Die pinya bleibt weiterhin fest zusammen, bis alle hinabgeklettert sind. Dann rücken auch sie auseinander. Niemand ist verletzt worden. Es wird lediglich etwas Eis verteilt, für die, die einen Schlag abbekommen haben.

Jordi hat einen Fuß aufs Ohr bekommen und hält sich etwas Eis dran. Doll schmerzen tut es nicht, aber er will vermeiden, dass es anschwillt.

Alfonso steigt, nachdem er sich vergewissert hat, dass es allen gut geht, auf eine Truhe:

- Es ist ok. Manchmal müssen wir lieber abbauen, als etwas zu riskieren. Es ist ok. Olga, nächstes Mal machst du es. Sicher! Du kannst das! Ihr könnt das! Wir sind bereit! Manchmal fällt man halt. Die colla applaudiert.

- Wir machen eine kurze Pause, dann versuchen wir es nochmals. Wir werden es schaffen! Und am Sonntag erst recht! Alle gemeinsam! Wir sind bereit! Xiquets!

Jubelrufe brausen auf.

Eleganz
Jede Form der Oberhand ist der Eleganz schädlich.

Eleganz ist Meisterschaft?

Grazie, Anmut.

Falsch ist Eleganz mit „Ebenmaß" in Verbindung zu bringen. Eleganz kann nicht bemessen werden. Auch „Liebreiz" ist verfehlt. Der Begriff ist zu süß, zu überholt.

Eleganz wird als vollendete Ausführungsform verstanden. Ich aber denke, die Eleganz ist schon an sich vollständig.

Eleganz ist weich, geschmeidig, melodisch und sanft (Wie der Panther der zweiten Strophe von Rilke. Mit nur wenigen Worten durchbricht Rilke die Eleganz des Bildes, indem er die ungerichtete Gefangenschaft des Panthers beschreibt.). Eleganz zeigt sich in Bewegungen, die ihre Mitte gefunden haben. Doch diese Mitte ist nicht ausschließlich in dem Handelnden oder einzelner Aspekte der Handlung zu suchen. Sie ist ein Zusammenspiel, ist ein Knotenpunkt aus Bewegung, Intention, Konzentration, Training, Reflektion, Einlassen, Leidenschaft, vielleicht sogar bis zur Obsession gesteigert (Siehe Essay zur Dedikation). Es ist eine Kulmination, die alles in sich fasst, und zu einem Höhepunkt wird, zu einer stimmigen Komposition. Lassen wir uns in diesen fallen, spüren wir die anmutige Fülle, die ihm inhärent ist. Die Eleganz geht also weit über die aktuelle Bewegung hinaus, obschon sie nur im Hier und Jetzt besteht. Daher ist sie langsam (Siehe Essay zur Langsamkeit). Das Spielhafte erscheint in der Eleganz durch ihre Leichtigkeit, vielleicht auch von ihrer besonderen Form der Unbescholtenheit, Unverfänglichkeit und ihrer Freiheit.

Zumeist wird Eleganz mit runden und flüssigen, grazilen Bewegungen verknüpft. Aber auch im Eckigen kann Eleganz sein. Oder gerade auch in der Kontroverse.

So entsteht das Verhältnis, das man den Kampfkünsten gegenüber ausdrückt. Deswegen auch nennt man sie Künste. Ein Boxer beispielsweise, der seine explosiven und punktgenauen Kombinationen boxt, die aus durchlässiger Körperhaltung entstehen, ist elegant. Es drückt sich darin eine Dichotomie aus entspannter Explosivität aus. In diesen Kombinationen, könnte man sagen, stimmt alles. (In Kerouacs „On the road" drückt sich das in der Ekstase des „Er hat es." aus.) Darin gleicht das Boxen anderen Künsten wie der Musik, der bildnerischen Kunst et cetera: Timing, körperliches Zusammen-spiel, Einheitlichkeit, Geschwindigkeit, Rhythmus, Stimmung, Eingehen auf die Zuschauerschaft, Angepasstheit an die Situation, historischer Zusammenhang. Das ist der Impetus des „Float like a butterfly, sting like a bee" von Muhammed Ali. Darin zeigt sich ein Verständnis für die Lesart der Welt und dieser besonderen Situation.

Der Boxschlag, losgelöst von dem boxerischen Zusammenhang ist ein Akt von Brutalität und Rohheit.

Das Tänzerische ist der Zusammenhang. Beim Capoeira, Aikido, Kung Fu und anderen Kampfkünsten ist dies sicherlich offenbarer als dies beim Boxen ist, da sie bereits choreografierte Momente enthalten. So wird Capoeira gar als Kampftanz bezeichnet. Obschon es beim Boxen gerade darum geht, den anderen aus seinem Rhythmus zu bringen, kann das Gleichgewicht aus Tänzeln, Schlägen und Ausweichen, in dem niemand die Oberhand gewinnt, Eleganz erreichen. Den Boxerinnen, die diesen Punkt erreichen, wird allgemein große Könnerschaft zugesprochen (Jun'ichiro Tanizaki: „Lob der Meisterschaft"). Deswegen sind die im Wettkampf ausgeglichenen Kämpfer*innen auch eleganter. Jede Form der Oberhand ist der Eleganz schädlich.

Eleganz ist frei von Hierarchie. Die Meisterschaft ist, will sie elegant sein, mithin horizontal.

Im Üben kann man keine Eleganz in diesem Sinne finden, sondern nur in der meisterlichen Ausführung. Durch diese sind Stunden um Stunden von Demut, Forschung, Experimentieren, geballtem Willen geflossen, die nun an diesem Punkt spürbar werden. So leuchtet ein musikalisches Solo. Der Gitarrist wirkt einig mit seinem Instrument. Er wirkt eins mit seinem Instrument. Die Töne fließen. Die Bewegungen ebenfalls. Das Schwerste wirkt leicht. Nur eine obsessionsgleiche Leidenschaft kann diesen Status erreichen.

Holger hat die Suche selbst zu einer Meisterschaft gebracht. Er wird sich gegen das Wort „Meisterschaft" wehren, obwohl es mit Liebe geschrieben ist. Er mag das Fertige und Institutionelle, die diesem Wort inhärent sind, nicht. Und genau darin entwickelt sich die Divergenz seines Künstlertums, die wiederum seine Suche, seinen Forschergeist provoziert und potenziert. Vielleicht mag er das Bild einer horizontalen Meisterschaft.

Es ist ihm eigen, immerzu neue Plätze, Orte, Stimmungen, Lautsphären et cetera zu betreten. Er begreift sie, tritt in sie ein, geht in ihnen auf, verbindet sich mit ihnen, um sie wieder fahren zu lassen. Er hat Respekt davor, in Muster zu verfallen. Damit einher geht seine Furcht vor Schnödem, Abgehalfterten und ausgetretenen Formen. Jede Begegnung soll ihm neu sein und doch spürt man Findigkeit, vielfältige Kenntnisse von Bewegung, Klang und Rhythmus. Man kann sie mit allen Sinnen wahrnehmen.

Werden von Holger scheinbar vornehmlich die Ohren gefordert, fordert er von sich und den anderen ein vollständiges Eingehen. Die Töne selbst gehen damit in einem größeren Kontext auf.

Hier nun kommt die Eleganz ins Spiel und ich bin glücklich erfüllt, direkt in den Suchprozess involviert sein zu dürfen. Holger hat in seinen Bewegungen auch auf „unerforschtem" Terrain den Ausdruck des Tanzes. Begegnet er etwas oder jemandem, ist er im wörtlichsten Wortsinne ganz da. Es scheint, als ob seine

Augenbewegung mit der Haltung seiner Zehen in Verbindung stehen. Und das ist auch sein Ideal. Während es beim oben genannten Boxen eher eine Bewegungskette ist, ist es bei Holger ein Gleichzeitiges. Die Bewegung des Ellbogens beim Ausholen zum Schlag auf eine Membran ist bereits der Ton. Dabei ist es von immenser Bedeutung, wie der Körper als Ganzes zu dem Ton steht. Natürlich geht auch der, wie auch immer, geartete vorangegangene Ton mit in den momentanen Ton mit ein, ebenso wie viele weitere angesprochene Komponenten. Und für Holger gibt es keine Nebensächlichkeiten. Am Ende muss man ihn beim Spielen sehen und spüren, nur dann kann man auch das Perkussive seiner Kunst verstehen, denn es ist Teil eines suchenden Tanzes (https://www.youtube.com/watch?v=jTAOqdA3gPU; 25.11.2021 15:13)

Holgers Ideal ist das Ideal jeder Kunst: Die Künstler*in wie auch die Betrachter*in, ja nicht einmal die Räume sollen nach der Performance die gleichen sein, wie sie es vorher waren. Daher „der transformierende Raum" (https:// holger-maik-mertin.com/ de/projekte/reihen/) Natürlich lassen sich darin auch Anklage und Kritik wahrnehmen. Einssein heißt nicht, Einverstandensein.

Seine Kunst ist nicht durch den Output zu verstehen, sondern er will Raum und Räume aufnehmen und in ihnen aufgehen. Der Raum spielt mit ihm, wie auch umgekehrt er mit dem Raum spielt.

So schneidet ihn beispielsweise der Rotor eines Windrades entzwei, die Militärmaschinerie in Nörvenichs Fliegerhorst macht ihn kämpferisch, verzweifelt, wild, gefallenes Laub führt ihn in die Kindheit, Kirchen machen ihn klein und groß. Und jede anwesende Person ist Teil des Raumes.

Deswegen war wahrscheinlich unser Naturexperiment der Spazierklänge eine Herausforderung. Die Räume waren mit einem Mal nicht mehr abgeschlossen und abgegrenzt, sie waren nicht mehr präpariert. Gestaltungsobjekte erschienen eher zufällig. Und dann der Wegfall der Instrumente, an denen wir uns lange in Form der Sticks festhielten, was ich bis heute im Gegensatz zu Holger mache.

Die Begegnung mit der Natur war größer, einnehmender sowie experimenteller als „fertige" Räume zu bespielen. Darein spielt gleichsam das Eintauchen in das Lebendige der Natur.

Holgers Haltung blieb nicht gleich und doch durch die gleiche Intention geprägt. Wir strolchten zumeist ungelenkt dahin und sprachen. Die Vielfältigkeit der Themen kann man annäherungsweise unseren Essays entnehmen. Ich wiederhole mich gern, wenn ich sage, dass man bei Holger die Reaktion auf Gesagtes im ganzen Körper wahrnehmen kann. Es sind manchmal nur Nuancen. Seine Haltung ist stets ehrfürchtig und auf eine gewisse Weise sanft. Selbst in seiner Wut oder Ablehnung schwingt Liebe als Gefühl der Teilhabe mit. Auf diese Art werden Treffen mit ihm zu einer Performance. Es ist ein Aufnehmen an Tempo, Rhythmus, Melodie, Bewegung.

Manchmal dann nimmt Holger einen Raum, der fast magisch eingegrenzt ist, in „Beschlag". Er nähert sich zum Beispiel einem gestürzten Baumstamm. Gleichsam mit der Fokussierung geht auch eine Öffnung einher (Das haben wir noch einmal besonders in einem Kalligrafie-Kurs fundiert, in welchem wir uns an großformatigen chinesischen Schriftzeichen probierten. Holger zeichnete „Hier", ich „Wasser".). Deswegen waren für mich die schönsten Performances die, bei denen die Kamera nicht lief. Sie waren im wahrsten Sinne einzigartig. Die Kamera fokussiert zu stark.

Der Tanz mit dem Raum hat ferner nie etwas Kämpferisches, sondern ist voll der Liebe zur Verbindung. (Vielleicht resultiert daraus sein Wunsch nach morbiden Orten.) Er geht auch nicht wie ein Experimentierender vor, der ja immer auf der anderen Seite des Mikroskops lauert, sondern ist Experimentierender,

Untersuchungsobjekt und Mikroskop. Seine Körperhaltung ist gleichsam stabil und durchlässig. Das heißt nicht, dass es ihm immer leicht fällt. Ich durfte auch Frustration, Trauer und Unvermögen beiwohnen. Dann kämpft er, aber dieser Kampf kann und will seiner Performance nicht die Eleganz nehmen.

Unterrichten

Dies ist wahrscheinlich der für mich schwierigste Essay. Fast Zwanzig Jahre habe ich am deutschen Schulsystem teilgenommen und habe so manche Kröten geschluckt. Ich habe wunderbare Momente mit den Menschen in der Schule gemacht – verbracht -, kenne sehr viele lustige und phantastische Geschichten. Ich kenne aufwühlende, traurige, erschreckende Schicksale. Geschichten von unerwarteten Wendungen, self-fulfilling prophecies, aufgestauten Erwartungen. Ich habe viele Wege, Eltern, Schüler*in und Lehrer*in zu sein, kennen gelernt, genauso wie Putzkraft und Hausmeister*in (Sie nennen es: unterrichtsfremdes Personal.). Ich habe viele Geschichten des Aufbegehrens, des Veränderungswillens, der Utopiebildung, des Neudenkens, des Einigelns, des Angepasstseins, des Mitlaufens erlebt und durchlebt. Ebenso bunt ist der Strauß an Emotionen, die mich in den zwanzig Jahren begleitet haben und die nun, mit meinem Verlassen des Schulsystems, in mir widerhallen. Ich spüre Wut, Scham, Freude, Losgelassenheit, Liebe, Frustration, Stolz, Ängstlichkeit, Mut.

Ich liebe es, Lehrer*in zu sein. Ich schätze das Zusammensein sowie die Zusammenarbeit mit den Jugendlichen, mit den Kolleg*innen, auch manchmal mit den Eltern. Umso mehr, tut es mir weh, gehen zu müssen. Ich vermisse, die wertvolle Zeit der Gespräche und Auseinandersetzungen sehr.

Was ich nun zu meinem Ausstieg und ein bisschen auch zu Holgers Ausstieg zu schreiben habe, hingegen hört sich langweilig und wiedergekäut an. Dennoch ist dieser Essay wichtig – fast essenziell - für unser Buch.

Um mich meinen Gedanken anzunähern, war das Erste, was ich für diesen Essay getan habe - was ich versucht habe -, eine Liste zu schreiben, die literarische, wissenschaftliche und filmische Werke enthält, die über die Figur der Lehrer*in (beschämenderweise finden sich in meiner Liste nur wenige Frauen.) das gesellschaftliche Verhältnis zur Bildung reflektieren. Ich wollte über Hesse schreiben, Michelle Pfeiffer in Dangerous minds, Musil, Robin Williams als John Keating, Montessori, Summerhill, Heinz Rühmann in „der Pauker". Wahrscheinlich hatte ich eigentlich den Drang, das Thema von meiner Person zu lösen.

Ich habe meiner Einschätzung zu dem Lehrerberuf und der Schule lange selbst nicht getraut. Es ist aber auch nicht leicht, Distanz dazu zu entwickeln, wenn man in diesem sich schnelldrehenden Rad steckt. Vielleicht sollten mir so die Quellen auch ein Maßstab sein. Als Beamter genießt man ferner die Annehmlichkeiten, die einen einlullen können. So war es schwierig, meine Zweifel wahrzunehmen und dann auch ernstzunehmen. Ich hatte den besten Beruf der Welt, der es zuließ, jeden Tag mit meinen Hobbies zu arbeiten. Außerdem war ich täglich von jungen Menschen umgeben. Und von vielen sehr intelligenten Menschen, die alle Expert*innen in ihren Fachwissenschaften sind. Der Arbeitsplatz war angefüllt von Energie und Kreativität. Bisweilen kann man das in verschiedenen Projekten und außerschulischen Aktivitäten sehen. Aber diesen scheinbaren Öffnungen der letztjährigen Schulentwicklung unterliegt dennoch das immergleiche Fundament, das die Schüler*innen institutionell negiert.

Ein zentrales Rätsel war für mich, wie es das Schulsystem schafft, der (großen) Mehrheit der Kinder innerhalb von ungefähr vier Jahren, die Lust am Entdecken und Lernen abzugewöhnen. Aber vielmehr noch, es ins Gegenteil umzudrehen. Wie viele Schüler*innen sind mir ängstlich wie auch desillusioniert begegnet?

Aber was genau macht die Schule? Die Schule prämiert vorsortiertes Wissen als „wissenswert". Dieses Wissen wird dann standardisiert. Dabei kann es sein, dass genau dieses an der Lebenswirklichkeit

(Dazu gehört auch die Aufteilung des Weltwissens in verschiedene Fächer. Die Initiative der Schulen ist es, die Fächer, wiederum aber zumeist scheinheilig und auf lächerliche Weise, wieder miteinander zu verknüpfen. Da geht es zumeist um das Verankern von Verbindungsstellen zwischen den einzelnen Fächern in den Lehrplänen. Mit dieser Zerteilung des Weltwissens geht auch eine Stundung der Zeit einher, die Zusammenhänge noch mehr verdrängt und unsichtbar macht.) aber auch an dem natürlichen Interesse der einzelnen Schüler*in vorbeigeht. Das Wissen, dass sich diese vor dem Schulbeginn angeeignet haben, das ihren Tag angefüllt hat, wofür sie die geballte Emotionalität ihrer Eltern erhalten haben, wird somit abgewertet.

Natürlich wird bei den Kompetenzen, die Kinder mitbringen, deutlich zwischen nützlichen und unnützen Kompetenzen unterschieden. So sind zum Beispiel Disziplin, Konzentration, aber auch Ordentlichkeit und Sauberkeit wichtig. Chaotische Betriebsamkeit, Kreativität, energetische Weltzugewandtheit, Versuchsgeist, Entdeckerwille, Muße, freiheitliches Denken und Handeln, Selbsterkundung hingegen werden heruntergespielt.

Mit dem ersten Schritt, den die Schüler*in macht, gerät sie gleichsam in das Bewertungsschema, welches nun gerade die ersten Eigenschaften fördern soll. Die zweiten bleiben entweder unberücksichtigt oder werden gar bestraft. Bei Versagen lastet der Druck dann neben der Schüler*in vor allem auf den Eltern. Was Fränzchen nicht lernt ... Da die Eltern dies wissen und obendrein ein leistungsbezogener Druckpunkt auf jeder Familie lastet, wird jetzt schon die vorschulische Zeit beschwert. Eltern versuchen, Schulkompetenzen vorwegzunehmen. Sie versuchen, den Schnitt zwischen Privatheit und Schulsystem zu verkleinern, verlieren dabei aber bisweilen auch das Maß – was schnell getan ist.

Mit Eintritt in das Schulsystem ändert sich die Weltperspektive zunächst der Eltern, bevor den Schüler*innen klar wird, dass sie dem besser zu folgen haben. Der Weltzugang ist nicht mehr experimentell, voller Fragen oder Wunder und Unentdecktem. Die Kinder treffen nun auf eine Welt, die fertig ist. Nun wird ihnen suggeriert, dass sie, nur indem sie den Instruktionen der Vermittlung Folge leisten, sich in der Welt orientieren lernen können. Diese Orientierung wird in Leistungskategorien gedacht. Aber Leistungen sind nur noch die, die am schulischen Maßstab aufgehängt werden, der eben dem Fächerkanon entspricht. Der Blick der Eltern wird an diesen angenagelt.

Bildung spielt keine Rolle (Siehe Danger Dan: Ingloria Victoria). Denn nur so kann das Wissen kategorisierbar, standardisierbar, quantifizierbar, effizient sein, um in der Folge mit sterilen Nummern prämiert zu werden. Diese Nummern sind nunmehr den Elternreaktionen vorgelagert – besser, sie verkleben (gerade war es noch „vernageln") den intuitiven Zugang der Eltern zu ihren Kindern. Sie evozieren das Gefühl eines Wettbewerbes, den man gewinnen oder verlieren, aber bei dem man auch andere hinter sich lassen kann, oder von anderen überholt und zurückgelassen wird.

Ferner wird, so muss es den Schüler*innen scheinen, jeder Wimpernschlag der Schüler*in bewertet. Sie müssen sich ständig beobachtet aber auch kontrolliert fühlen. Dabei werden sie in ein nicht abreißendes Netz aus Prüfungen gezwungen, deren quantitative wie auch inhaltliche wie auch systematische Sinnhaftigkeit kaum bezweifelt wird, geschweige denn, dass sie offen für Reformen ist. Die Prüfungen genügen einer systemischen Einordnung jedes Einzelnen. Der Druck wird dabei beständig hochgehalten. Die Schüler*innen sind zumeist geschüttelt von Angst. Auch die Lehrer*innen haben die Hosen voll. Daher herrscht an Schulen kein Reformgeist. Es werden keine Visionen entwickelt.

Obendrein werden die Lehrer*innen mit formalem Scheiß zugeschüttet, der strenger kontrolliert wird als dies bei dem Hauptgeschäft, dem Unterricht, passiert. Jeder einzelne schulische Kontakt ist mittlerweile juristisch durchwirkt.

Für mich sind die Schulen das Thermometer gesellschaftlicher Unzulänglichkeiten. Man spürt auf der Matrix der Schulen die gesellschaftliche Prioritätensetzung. Die Pandemie hat dies alles deutlich nach oben gespült. Man merkte deutlich, dass sowohl Kinder als auch deren Ausbildung im Allgemeinen hinter vielem anderen zurückstehen mussten. In Deutschland schiebt sich da deutlich die Transportindustrie in den Vordergrund. Deutschland ist allgemein zu einem stumpfen Verwaltungs-staat geworden.

Um auf die Frage zu antworten, wie denn eine idealere Schule aussehen solle, muss man ferner aufpassen, nicht in die gleiche Falle zu geraten, die das heutige Schulwesen geprägt hat, indem man ein systemisch starres Gebilde erfindet.

Die Antwort muss lauten: Die Schule muss der Menschenbildung dienen. Daher müssen wir Bildung definieren. An diesem Bild müssen sich Schulen, sofern wir sie brauchen, halten.

Das Ideal der Bildung für mich ist es, jede Situation so verstehen zu können, dass man sich ein Urteil bilden kann, um adäquat agieren zu können. Um mit der Vielfältigkeit weltlicher Zusammenhänge umgehen zu können, braucht es ein soziales Netz. Bildung ist keine Sache Einzelner.

Jetzt werden Leute behaupten, dass ich einen Wissenskanon anstrebe, dies ist aber genau nicht der Fall. Natürlich braucht es Wissen, aber vielmehr braucht es Wissensaneignungs- wie auch Urteilstreffensstrategien, Empathie und emotionale Intelligenz. Dabei darf in keinsterweise vergessen werden, dass nicht nur das sprachlich-logische System beides enthält, sondern ebenso auch zum Beispiel der künstlerische Ausdruck.

Holger und ich sind beziehungsweise waren nicht nur Privatlehrer, sondern auch an öffentlichen oder privaten Schulen engagierte Lehrer.

Beide haben wir das klassische Lehren hinter uns gelassen. Aus verschiedenen Gründen arbeite ich allerdings weiter an einer Schule und gebe auch online weiter Unterricht.

Holger und ich haben uns als Lehrer und Schüler kennengelernt. Am Anfang hatte ich ihn, den ich aus YouTube-Videos kannte, gefragt, mir verschiedene Shaker-Techniken beizubringen, bevor wir schließlich mit vielen anderen Techniken arbeiteten. Er ging auf meine Bitte ein, obwohl ein gewisser Widerwille spürbar war. Aber er nahm die Aufgabe an. Holger hat mir viel beigebracht. Wir beschäftigten uns mit verschiedenen Spieltechniken und Wahrnehmungstechniken. Allerdings erarbeitete Holger mit mir keinen herkömmlichen Werkzeugkasten, sondern wollte zunächst meine zuvor angelernten Fähigkeiten zerstreuen. Er meinte, dass ich damit zu versteinert wäre. Wir wollten sie wieder auffrischen. Techniken im Sinne Holgers haben eine andere Funktion. Für ihn ist auch die Möglichkeit zur Aufnahme wie auch das tiefe situative Eingehen auf die Umgebung eine Form der Technik und damit erlernbar.

An zwei Aufgaben erinnere ich mich noch im Besondern. Einmal, ich saß fröhlich auf meiner Cajón, bat er mich, „blau" zu spielen. Ein anderes Mal „falsch".

Obschon unsere Beziehung zu Beginn schon sehr intim war – was ja, wie gesagt, bei Holger sogar zum Konzept künstlerischen Arbeitens gehört -, hat es eine Zeit gedauert, bis sich unser Verhältnis zu einer Freundschaft entwickelte. Zunächst stand nicht nur das Setting zwischen uns, sondern auch das Geld, das ich bezahlte.

Holger ist super sensibel und einfühlsam. Er nimmt kleinste Schwingungen in seinem Gegenüber sowie in sich selbst wie auch der Umgebung wahr. Sein Unterricht ist mit dieser Intensität angefüllt. All das soll Teil der gemeinsamen Zeit sein. Daher ist Holger höchst flexibel, gewandt und verständnisvoll. Er ist aber auch verletzlich, weil er sich in jedem Moment selbst in Frage stellt. Damit ist die Lehrer-Schüler-Hierarchie ebenso wie die Distanz zwischen beiden nivelliert.

Nach meiner langjährigen Berufserfahrung an privaten wie auch öffentlichen Schulen muss ich heute sagen, dass es vorgezeichnet war, dass Holger an der Musikschule und kurzzeitig an der Realschule, an der er arbeitete, weitestgehend unglücklich werden musste. Er hat versucht, an die Grenzen des Schulsystems zu gehen, indem er versucht hat, den Unterricht aufzubrechen, den Schüler*innenwillen ins Zentrum zu stellen, frei zu arbeiten.

Einen ähnlichen Ansatz hatte ich auch. Vor allem in Philosophie und Deutsch habe ich mich vom Curriculum zu lösen versucht. Ich habe versucht, von den Schüler*innen aus zu denken und mit ihnen zu denken. Es war ein großer Wunsch von mir, ihnen auf Augenhöhe zu begegnen. Bisweilen ist es mir gelungen, aber hauptsächlich nur dann, wenn es keine Noten gab.

Ich habe versucht, auch den Mathematik-Unterricht so persönlich wie nur möglich zu machen, doch wird da der Leistungshebel sehr streng angesetzt.

Mein Anliegen war es, die Schule jeden Tag neu zu denken. Gerade die Pandemie hätte hierfür eine wundervolle Plattform bieten können. Es ist aber nichts entstanden. Man hat es in Deutschland nicht einmal geschafft, verlässlichen Online-Unterricht einzurichten. Nun aber war die Zeit da, die vermeintlich im normalen Schulalltag fehlte. Sie blieb aber ungenutzt. Es wurde fast verzweifelt versucht, das alte System aufrecht zu erhalten. So zum Beispiel das

Notensystem, das sowieso nie, aber gerade in dieser Zeit keinerlei Aussagekraft besaß. Die Noten hatten nun nicht einmal mehr eine ermittelbare Grundlage. Mein Vorschlag, die Noten auszusetzen oder zum Beispiel durch den Schüler*innen zugewandte Briefe zu ersetzen, wurde nicht ernstgenom-men und daher auch nicht diskutiert. Die Zwänge hallten in allen Ecken wider.

An dieser Stelle haben Holger und ich versucht, uns gegenseitig zu stärken, Mut zuzusprechen. Wir haben unsere Möglichkeiten durchgesprochen.

Aber die Schulen wollen das System zum Atmen. Es ist lethargisch, überformt und unpersönlich. Das System in Form der in ihm erfolgreichen oder auch nur aufgehobenen Menschen schlägt zurück – wenn mir dieses Pathos erlaubt ist. Jeder Versuch, etwas zu verändern, wird bekämpft, bleibt ungehört oder wird verlacht. Daher kommt auch die Negativität, die der Ordnung der Schule unterliegt. In Diskussionen mit Kolleg*innen ist spürbar, dass diese von vielen nicht mal mehr wahrgenommen wird.

Am Ende sahen wir beide keinen anderen Ausweg mehr, als unseren Dienst zu quittieren.

Dedikation

Widmung, Hingabe, Eifer, Leidenschaft, Obsession, Engagement, Inbrunst, Tatendrang

Ich möchte eine Tätigkeit, vielleicht einen Charakterzug oder eine Tugend beschreiben, für die ich kein passendes Wort im Deutschen finden kann. Passiv, stumpf, unbewusst, getrieben, langweilig, distanziert oder abwendend, aufgebend, selbstverloren, eindimensional, verschroben, verklebt sind alle Begriffe, die ich im Deutschen kenne. Die englischen Begriffe „dedication" und „commitment", sofern ich sie wirklich richtig verstehe, scheinen mir voller und richtiger zu sein. Um mir das Schreiben des Essays zu vereinfachen und bei meinen Formulierungen nicht ins Schwimmen zu kommen, werde ich „dedication", das, so scheint es mir, meinem Konzept nahe kommt, mit einem „k" verwenden. Diese Entfremdung dient nur dazu, nicht darüber hinwegzutäuschen, dass ich eventuell den vollen Begriffsrahmen nicht kenne und außerdem hier ein eigenes Konzept vorstelle.

Mich faszinieren Menschen, die eine Sache in ihrer Gänze zu erfassen und zu durchleben suchen. Sie öffnen ein neues Fenster, lassen Dinge möglich werden. Sie befreien den Kopf, nur dadurch, dass sie Möglichkeiten auftauchen lassen. Der Skateboarder Rodney Mullen drückt das in einem Ted-Talk treffend aus. Die auftauchende Möglichkeit entfesselt Fähigkeiten und schlummernde Wünsche. Sie lassen einen Willen entstehen. Identifizieren wir uns mit diesen Menschen, lassen sie uns in uns eine Fähigkeit spüren, die wir bei ihnen sehen. Die Nähe der Identifikation entspricht vermutlich der Stärke des Willens. Gleichsam spüren wir allzu oft, dass es etwas gibt, das uns essenziell von ihnen unterscheidet. Ist es nicht irgendeine äußere Eigenschaft, die wir (richtig oder falsch soll hier unangetastet bleiben) verantwortlich machen können, ist es ihr

Einlassen auf die Situation, auf die Tätigkeit, auf die Sache. Es ist ein Einfühlen und eine Teilhabe, die eine sehr besondere Qualität aufweisen. Es ist keine festgeschriebene Charaktereigenschaft, es ist auch kein Talent. Es ist genau ihre „dedikation", die uns von ihnen unterscheidet.

So, meine ich, gibt es zu allen menschlichen Tätigkeiten zwei grundsätzlich verschiedene Zugangsarten: Eine mit und eine ohne „dedikation". Die erste Zugangsart ist eine, die von einem Ziel oder Effekt oder Zweck her gedacht wird (Hier taucht im Hintergrund Aristoteles' Kunstwerk-Verständnis auf.). Die Tätigkeit dient der Erlangung. Genau dieses Dienen führt zu einer partiellen Konzentration. Es entführt aus der Handlung deren Essenz. Die Tätigen gehen nicht in der Handlung auf, sondern akzeptieren sie als Mittel. Die zweite Zugangsart führt dazu, dass die Tätigen genau diese Tätigkeit tun. Ihr Sein ist komplett darauf ausgerichtet. Sie werden quasi eins mit der Tätigkeit. Das bringt sie dazu, stundenlang am Tag damit zuzubringen. Scheinbar fließt all ihre Zeit, Anstrengung, Kraft und Energie wie auch Aufmerksamkeit oder auch Geld in diese Sache. Sie werden zu dieser Tätigkeit. Darin findet sich der Kern einer funktionierenden Meditation. Sie wirken besessen, obsessiv, „verrückt" oder „entrückt". Sie wirken sogar bisweilen eindimensional, weil sie alles andere dieser besonderen Tätigkeit unter-ordnen. Aber genau darum geht es. Genau das enthebt ihr Tun von dem Tun in der Zweckbeziehung.

Man kann dies bei vielen Athlet*innen, Musiker*innen, Künstler*innen, Erfinder*innen und so weiter erkennen, aber unter diesen sind mir die Menschen am liebsten, die gerade nicht im Fokus stehen, die nicht das große Geld verdienen (können), die gewissermaßen alles auf eine Karte setzen. Phänomenal sind die, deren „Karriere" nicht uneingeschränkt ihren Lebensunterhalt sichert. Ich will nicht falsch verstanden werden, und ich werde das mehr und mehr ausführen, auch die erstgenannten haben zumeist alles auf eine Karte gesetzt und haben es gewiss genau darum geschafft, dort zu sein, wo sind: In Wohlstand und Öffentlichkeit. In der Außendarstellung werden aber nur selten die genannt, die sich nicht davon haben abbringen lassen, das zu tun, was sie lieben und leben, obschon sie den großen Sprung in die Öffentlichkeit und Prosperität nicht geschafft haben, die die gleiche „dedikation" aufweisen, ohne etwas Äußeres davon zurückzuerhalten.

Die extremste Form für mich ist, es trotzdem zu tun. Es verlangt Mut. Sehr viel Mut, weil man alles auf eine Karte setzt. Diejenige kann nur schwer noch andere Sachen tun, aber schon gar nicht mit der gleichen Intensität. Daher habe ich mich immer gegen Musiker*innen gewehrt, die mehrere Instrumente spielen und diese auch präsentieren, wo doch jedes Instrument ein unendliches Universum eröffnet und daher unerforschlich bleibt. Aber natürlich kann man auch von einem Klang verzückt sein, der nach einer bestimmten Realisierung schreit. Dann treten die Instrumente in den Hintergrund. Man geht dann ganz in der Suche nach den richtigen Klängen auf.

Dies hört sich nach einer Schweiß-und-Blut-Ethik an, meint aber etwas anderes. Es geht um eine innere Einstellung, die einen alles dafür machen lässt, genau das zu machen, womit man sich beschäftigt. Anhaltend, konzentriert, fokussiert.

In diesen Tätigkeiten und den dann erreichten Fähigkeiten liegt etwas, das die Personen wie von einem anderen Stern erscheinen lässt. Finde ich nicht das gleiche in mir, wird alles, was ich erreiche, eine Kopie bleiben. Die genannten Personen haben ihre Tätigkeit zu einem Teil ihrer Selbst gemacht, deswegen wirken ihre Bewegungen organisch, rund, voll, ehrlich.

Denke ich an „dedikation", sehe ich eine Person etwas tun. Sie tut es langsam. Die Bewegungen wirken behände. Jeder Handgriff sitzt, jeder Schritt ist rund, weich und stark gesetzt. Jeder Handgriff geht im Flow auf. „Der weiche Gang geschmeidig starker Schritte" (Rilke). Jeder Handgriff ist eine Freude. Seine Existenz ist darauf eingestellt. Darin findet sich Erfüllung. Daher lieben diese Personen sich auch selbst. Dann ist alles im Flow. Es gibt eine klare Richtung, die aus der genauen Übereinstimmung der Handlung mit dem Willen erwächst. Das Tun, nicht der Erfolg, sind das Alles für die entsprechende Person. Das ist die perfekte Interpretation des „Carpe diem", wie auch des „Der Weg ist das Ziel". Die Person lässt eine ausgiebige, in sich ruhende Sorgfalt walten. Sie ist darin nicht nur konzentriert planend, sondern auch detailverliebt, akribisch. Deswegen wirken die Tätigkeiten ruhig, fast langsam, sie wirken klein und dennoch im Fluss. Dabei ist es still. Die Geräusche, die die Tätigkeit erzeugt, sind klar, irgendwie isoliert und kristallin. Die Person ist Fokus, es gibt für sie keine Ablenkung.

Darin besteht die Aufgabe des Ichs. Das Ich ist ganz Tätigkeit. Darin auch besteht auch die Aufgabe des Zieles. Das Ziel verliert seinen endgültigen Wert. Deswegen will Holger die Zeit in seinen Performances auflösen. Und je länger er performt (Siehe seine 24h-Performance im Februar 2020), desto mehr löst er sich von einer zielgerichteten Zeitigkeit.

Die Bewegungen sind in ihrer Präzision beiläufig, leicht und flüssig. Sie sind nicht, um..., sondern sind. Alles fällt ineinander und alles ist richtig, wie auf einen Punkt kondensiert.

Diese Haltungen und Momente, in denen alles passt, sind von strahlender Schönheit, als könnte sie nichts zerrütteln.

Ich habe in meinem Roman "Stille" den Autor auf die Frage, was er sagen wolle, antworten lassen, er wolle genau das sagen. Das ist der Moment. Wir finden ihn auch wieder in der Suche Kerouacs, Fausts und vielen mehr. Gleichsam ist der Moment still. Die Ruhe umgibt die Performer*in und damit all seine Handgriffe und Bewegungen, sein Kopf scheint sich in einer leeren Gerichtetheit einzubetten. Performance wird zu Ritual. Sie gewinnt dessen Ebenmäßigkeit. Die zehntausend Stunden der Gleichförmigkeit des Übens und Liebens fallen in eins.

Es ist eine totale Hingabe. Eine gelassene Fokussierung.

Wenn alles andere an Bedeutung verliert, beziehungsweise wenn alles andere seiner Bedeutung beraubt wird. Es gibt kein Zögern, keine Furcht.

Es ist alles richtig und das Richtig löst sich gleichsam auf.

Daher gibt es die Künstler*innen, die es gar nicht im Sinne des Erfolges und schon gar nicht im Sinne des monetären Erfolgs „schaffen" wollen (Siehe auch „Visibilität"). Deren Anliegen ist es dann, genau diese Systematik zu umgehen. Eventuell konterkariert ihr Handeln diese sogar. Das zeigt, dass die Erfolgsversprechung der „dedikation" nicht inhärent ist. Dies nicht miteinander zu verknüpfen oder gar zu verwechseln, kann zu einer gesteigerten Selbstgenügsamkeit führen. Nun stellt sich in dem Weg des Schaffens eine Freiheit ein, die niemandem Rechenschaft abzulegen hat. Das Tun ist folglich bescheiden, ruht in sich selbst.

Ich muss mich an den wunderbaren Ausruf aus Kerouacs „On the road" erinnern: „Er hat es!"

Die „dedikation" geht einer Sache komplett auf den Grund. Deswegen geht es auch darum, die immergleiche Handlung immer und immer wieder zu tun. Vielleicht 10.000 Stunden? Oder 10.000 Mal? Eine Meisterschaft erreichen? (Siehe „Eleganz" in diesem Buch.) Und es tauchen unaufhaltsam Fragen auf, die die Tätigkeit zu durchdringen versuchen. Es geht eben nicht darum, aus zwanzig Kilometern vierzig zu machen, sondern darum, die Kilometer auf die gewünschte Weise zu laufen. „Dedikation" aber kann man besonders gut im Extremen erkennen. Dies liegt gewiss an seiner Exponiertheit, aber auch an seiner vermeintlichen Unerreichbarkeit.

Dabei bietet das Extreme lediglich ein Höchstmaß an Visibilität (Siehe Essay in diesem Buch). Neben der Visibilität schafft das Extreme einen Gegenpunkt zu der Normalität (, der einen davon befreit, auch so sein zu „müssen").

Das Extreme schafft Höhepunkte, Rekorde aber keine Konsistenz, daher strebt es nach mehr und strebt einer nie erreichbaren Vervollständigung zu. „Dedikation" schafft beides und ist sich selbst genug. Da braucht es keine Visibilität. Es kann also in jeder Tätigkeit liegen. Auch im Alltag. Es will sogar der Alltag sein.

In meinem assoziativen Feld taucht eine Person auf, die in sich versunken meditiert, dabei aber nicht oder nicht nur immobil ist. Vielleicht eine Zen-Meister*in? Ich sehe nur eine Person, obschon ich weiß, dass diese auch des Teams bedarf. Die anderen sind nicht Beiwerk. Sie sind integraler Bestandteil der Handlung. Sie werden zur Handlung selbst.

Die Tätigkeit ist in sich geschlossen und so ist es auch die Person. Sie wirkt entrückt und muss es auch sein. So kommen die Begriffe „Leidenschaft" und „Obsession" ins Spiel. Dass das Entrücktsein eine negative Konnotation trägt, sollte in diesem Fall falsch sein. Es macht wohl den Eindruck, dass allgemeine Tätigkeiten wie einkaufen, arbeiten, putzen und so weiter als schnöde abgetan werden, aber dies liegt lediglich daran, dass sie den Fokus verschieben, gewissermaßen ablenken und somit der „dedikation" den Raum nehmen. Diese sollte solche Tätigkeiten umarmen und in sich aufnehmen. Daher ist mir der Sport so lieb, der genau dies offen sichtlich tut. Zumindest wird die Übernahme hier deutlich.

Ich nehme mir noch einmal die Ultra-Läufer*innen vor. In einem Ultra-Lauf ist man zurückgeworfen auf das Wesentliche. Es geht darum, den Körper zu spüren, zu laufen, zu essen und zu trinken. Es geht auch darum, mit den Widrigkeiten der Natur (auch der eigenen Natur) umzugehen. Für Weiteres bleibt kein Platz. Dies gilt auch für das Training. Das Laufen wird dann zum Leben selbst. Dabei sind noch am meisten die hervorzuheben, die keine großen Ausstatter*innen im Rücken haben, die keine großen Öffentlichkeitsauftritte haben. Das System der FKT (Fastest known time) finde ich wundervoll. Denn es legt die Möglichkeit nahe, dass die Strecke (Es handelt sich zumeist um Strecken über 50 km.) schon einmal durchgeführt wurde, aber nicht öffentlich wahrgenommen wurde.

Aber auch in anderen Künsten kann dies integriert werden. So wird das Gefühl der Ausgewogenheit und Rundheit erzeugt. Scheitern kann dann nicht mehr aus der Bahn werfen. Das Scheitern ist selbst Teil, da nichts erreicht werden soll, sondern es muss getan werden. Darum ist Eile oder Gehetztheit keine Option. Die „dedikation" ist im besten Sinne Zeit. Angaben, die das Erlernen und Perfektionieren einer „Kunst" mit einer bestimmten einzusetzenden Zeit verbinden, sind irreführend, falsch und technisch.

Es ist wunderschön. Die Menschen der „dedikation" leuchten. Sie gehen ganz im Raum auf. Sie füllen den Raum. Man kann es spüren. Sie sind sich in ihrer Tätigkeit genug. Man spürt den starken Willen, der sie treibt und führt. Das ist keine Arroganz.

Wer sich in die „dedikation" begibt, kann fallen! Tief fallen! Aber er wird nicht fallen, sobald er nicht seine Verbindung zu der Tätigkeit verliert. Denn er weiß, dass es das Richtige ist, was er tut. Das Ausrutschen und Rückschläge gehören dazu. Sie sind gewollt. (Ich bin absichtlich pathetisch. Denn die „dedikation" ist es selbst.)

Obschon die Tätigkeit in sich geschlossen ist, wäre „hermetisch" hier das falsche Wort, denn die Person hat Bezug zur Außenwelt, es gibt eine Wechselwirkung, sie wirkt in ihrem Tun nur wie ein Kulminationspunkt oder Knotenpunkt der Außenwelt und ihrer Wege. Das heißt nicht, dass es leicht, ist, diesen Personen in ihrer Tätigkeit zu folgen, aber man spürt direkt, dass sie einen Weg gefunden haben, dass es etwas Richtiges hat, was sie machen. Es ist das ausfüllende Fühlen von Körper und Geist. Hierin zeigt sich das Ich in seiner reinsten Form. Daher umgibt sie eine Aura (Diese ist nicht auf Kameras oder ähnlichem einfangbar.). Darin wirkt die „dedikation" manchmal radikal. Sie ist es auch, weil sie zum einzigen ernstzunehmenden Bestandteil des Lebens wird. Darin wirken die so geschaffenen Personen oft als Narzissten, Egomanen oder ähnlichem und wahrscheinlich hilft dies, wenn es auch nicht notwendig ist.

Wird die Tätigkeit präsentiert, sehen wir in der Performance den winzigen Ausschnitt dessen, was die Tätigkeit eigentlich ist. Der Applaus, den wir spenden, die Anerkennung, die wir äußern, sind schnödes Beiwerk, wenn auch schön. Die eigentliche Tätigkeit findet in Abgeschiedenheit statt. Bis wir „teilnehmen" können – ich möchte eigentlich „dürfen" sagen -, sind tausende stille Stunden vergangen. Jetzt zeigt die Person die Kulmination ihres Schaffens. Sie wählt einen Ausschnitt, der „zeigenswert" ist. Es ist ein bisschen so wie die fragwürdige Auswahl an Sehenswürdigkeiten einer Region, die nur dann, wenn sie all ihre vielen Schattierungen offenbaren, zur Erfahrung werden. Eine Sehenswürdigkeit wird zu oft herausgelöst aus ihrem generischen Umfeld. Auch darin mag ich die Ultra-Läufer*innen. Sie zeigen in ihrer Performance, dass sie nicht am Ende sind: Man sieht sie zweifeln, fluchen, aufgeben, wieder angreifen.

Eventuell nutzt die performende Person nur eine Plattform, die dargereicht wird. Oder aber sie will etwas entäußern, dass ein neuer sozialer Weg sein kann, oder eine neue Sichtweise auf bestimmte Zustände und Vorgänge der Öffentlichkeit. Aber wir sehen die Person selten in dem, was „dedikation" ausmacht.

Für die Betrachter*in ist das Spüren der unterliegenden „dedikation" bei einer Performance nicht immer ganz einfach. Denn das Gezeigte ist angefüllt mit Leichtigkeit, Natürlichkeit, Unmittelbarkeit. Der

Weg dahin ist nicht sichtbar. Vor allem nicht für Leute, die sich damit nicht auskennen. Um sich zu „beweisen" greifen die Performer*innen daher oft dazu, Phrasen zu verwenden, die äußerst kompliziert sind, beziehungsweise so erscheinen. Das ist das „höher – schneller – weiter" der Kunst.

Viele der Tätigkeiten, die heute gelernt und ausgeführt werden, sind auf Äußerlichkeiten und Aufführrungen ausgerichtet (Das Digitale macht das mit zu einer Forderung: Siehe „Raum" in diesem Buch). Das unterläuft das hier Geschilderte. In dieser Praxis wird vom Zweck her gedacht. Hier liegt der schnöde Unterschied von intrinsisch und extrinsisch. In einer Steigerung dazu macht das Profi-Geschäft aus der „dedikation" eine Farce. Es beutet dies aus. Hier wird sie zu einem Mittel, das den Zweck dieses bei weitem überragt. Die wirtschaftlich unterlaufene Einlassung der performenden Person wird zunehmend maschinisiert und veräußerlicht. Die „dedikation" blitzt dann in sogenannten Ausnahmekönner*innen wieder auf. Wettkämpfe oder Wettbewerb sind die Entwertung der „dedikation" nahe, wenn damit ein Ziel erreicht werden soll, das nicht der Ausformung der Tätigkeit dient.

Visibilität

Visibilität ist das Schaufenster der Kunst und Kultur.

Visibilität garantiert der Kunst und Kultur ihren Verkauf.

Viele Kunst- und Kulturschaffenden werden berichten, dass es ihnen vordergründig um die Reichweite ihrer Aussage geht und nicht ums Finanzielle – da sind sie wie Fußballspieler*innen. Geht man etwas in die Tiefe, bröckelt dieses Selbstbild schnell. Dann geht es doch um Mehrwert und Wertschöpfung. Dies wird vor allem dann sichtbar, wenn eine Spur von Erfolg in der Luft liegt. Perfiderweise spiegelt sich künstlerische Reichweite als monetäres Verhältnis wider. Gute und erfolgreiche Künstler*innen sind also die, die in den Bestsellerlisten, in den Verkaufscharts, in den Klickcharts et cetera geführt werden. In der Pandemie ist dies nochmals deutlicher zutage getreten. Die Fragen, die in Fachzeitschriften an die Kulturschaffenden (Das ist kein gutes Wort. Als wenn die Kultur geschaffen werden müsste.) gestellt wurden, gingen zumeist in die Richtung der Wirtschaftlichkeit. Es wurde von Verdienstausfall gesprochen, von den abgesagten Projekten, den verschobenen Konzerten. Nur selten kamen dabei allerdings die Künstler*innen zu Wort, die tatsächlich existenzielle Ängste auszustehen hatten. Dies ist eine sich selbsthaltende Spirale, da sich auch die Zeitschriften und der sie verkaufende Kiosk, der Verlag, die Journalist*innen, die Veranstaltungsräume und so weiter halten und auch entwickeln müssen. In der Wirtschaft gibt es einen enormen Entwicklungsdruck, der sich auch in der Kultur wiederfinden lässt.

Kunst ist dem freien Markt ausgesetzt. Damit folgt sie daher auch dessen Gesetzen. Daher müssen Kosten kalkuliert, aber auch Einnahmen und Gewinne taxiert werden. Bei den Kunstschaffenden gehören nicht nur die Grundbedürfnisse berechnet. Ebenso gilt dies für die erforderlichen Extras für das Kulturschaffen - Jedes Werk wird aus unzähligen Stunden für Übung, Probe, Diskussion, Überarbeitung, Anpreisung („verwirrendes" Wort in dem Essay-

Zusammenhang), Konzepterarbeitung geboren. - wie auch das verwendete Material. Daher hat man sich darauf verlegt, Kunst und Kultur zu verkaufen (Natürlich wären andere Modelle wie zum Beispiel eine Erfahrungserweiterungs-Aktiengesellschaft oder auch Entertainment-und-Erkenntnisgewinn-Fonds möglich. In meiner Studien-zeit sprachen Mitkommiliton*innen von einer Revolutions-Versicherung. Den Gedanken finde ich bis heute sympathisch.). Damit erhält das Werk seinen Produktcharakter. Im Gleichen werden auch die involvierten Personen bepreist. In Folge dessen wird die Sichtbarkeit der Werke zu ihrer lebenserhaltenden Atmung. Denn Sichtbarkeit fügt sich schwellenlos in die Nachfragepolitik einer freien Wirtschaft ein. Eine hohe Sichtbarkeit entspricht damit der Nachfrage nach diesem Produkt, steigert diese sogar noch, oder lässt sie abfallen. Da sich Kulturwerke nicht, oder nur schlecht taxieren lassen (Weder die Arbeitsstunden, noch die aufgewendete Kompliziertheit der verrichteten Arbeit, noch das Material können dies bei der aktuellen Praxis liefern.), findet sich in ihnen die volle Blüte des libertären kapitalistischen Marktes wieder. Kunst, Kultur sowie auch der Sport sind die reinsten Formen des ‚Kapitalismus'.
Also, die Kunst-Kultur-Schaffenden müssen gesehen werden! Aber viel mehr noch, als dass sie gesehen werden müssen: Es muss gesehen werden, dass sie gesehen werden. Die beste Visibilität ist die akkumulierte Visibilität. Am besten man kackt auf den größten Haufen.
- Intermezzo: Es ist kein Wunder, dass wir nicht von Audibilität oder Taktibilität sprechen. Unsere Welt ist im Übermaß auf Sichtbarkeit ausgerichtet. So haben wir die Welt nahezu so eingerichtet, dass die anderen Sinne verkümmern, oder zumindest in den Hintergrund rücken. Aber in jedem Fall brauchen wir sie nicht mehr.
Wir schmecken nicht, ob ein Lebensmittel noch genießbar ist, wir schauen auf das Verfallsdatum.

150

Wir können unsere Ohren mit Kopfhörern oder ähnlichem abdecken, da sie uns nur noch selten nennenswerte Informationen zukommen lassen.

Die meisten Oberflächen sind abgeschliffen worden. Sie tragen keine Informationen für unsere Hände. -

Die Visibilität sind Klicks, Daumenhoch, Herzchen und andere Likes, Shares, Views, Reposts, Follower. Manchmal auch Kommentare. Es wird eine Vielfältigkeit angedeutet, die es nicht gibt, was durch „feindliche" Bots wundervoll ausgenutzt werden kann. All diesen Visibilitätsanzeigern liegt Quantifizierung zugrunde. Mit Ausnahme der Kommentare – und auch das Kommentarfeld lässt in seiner Form nur wenig Möglichkeiten zu - sind diese nicht graduierbar. Dabei ist der menschliche Kontakt, auf dessen Schultern die Kultur und Kunst ruht, ein vielschichtiges Berührungsfeld, dessen Facetten ein nahezu unendliches Spektrum an Ausdrücken zulässt. Die Anwesenheit bei dem anderen ist ein tiefgehender, vielsinniger Kontakt, der Konzentration, Einlassen, Offenheit, Feinfühligkeit erfordert und fein schattiert wie auch vielbödig ist. Bei der computergenerierten Aufmerksamkeit fällt dies weg, Anwesenheit ist nicht vonnöten.

Visibilität sind auch Konzerte, Werbung, Preise, Merchandising, Wettbewerbe und deren Periodisierung (Häufig ist die kalendarische Setzung dieser wichtiger als die eigentliche Durchführung.) ... Bei Konzerten muss man zumindest noch selbst hingehen.

Um diese Formen der Visibilität zu erlangen, muss das Geschaffene natürlich überzeitlich und überörtlich sein. Es muss transportierbar sein. Damit wird gleichsam ihre Vermassung ermöglicht. In diesem Verwertungskalkül stellt das Internet mit seinen Partizipationsmöglichkeiten einen Quantensprung dar. Während außerhalb des Internets nur ein engerer – man könnte sagen: exklusiver – Kreis, z.B. Freunde und Verwandte und ein relativ eng begrenztes physisches Umfeld von den eigenen Vorlieben erfährt, sind diese persönlichen Grenzen im Internet gesprengt worden. Freunde haben sich gewandelt zu weitreichend anonymen friends und followern, die keine Tiefe mehr vorweisen.

Anmerkung: das Internet führt teilweise Werbe- und Propaganda-Techniken fort, die schon lange bestehen. Vor der Internet-Zeit gab es Litfaßsäulen, Poster, Flugblätter, Bücher, Zeitschriften, Aufkleber, schriftliche Parolen, Graffiti... Ich glaube, dass das Internet all diese Medien und Visibilitäts-Träger aufgreift und potenziert. Die Propaganda-Wirkung gab es jedoch schon weit vor dem Internet.

Diese Vereinfachung lässt sich mittlerweile auch im persönlichen Kontakt wahrnehmen, schaut man sich beispielsweise moderne Umarmungen an, bei denen das Handy in der Hand eine innige Berührung nahezu verhindert und der Blick in die Ferne gerichtet bleibt, die potenziellen Likes abwägend.

In ihrer Eindimensionalität kriechen die virtuellen Likes aber auf der anderen Seite in jede kleinste Ritze unseres Seins. Alles wird bewertbar, womit auch alles präsentierbar oder auch visibel sein muss. Und am Ende ist alles in irgendeiner Weise verkaufsförderlich oder aber -hinderlich. Man sprach von Endnutzer*innen, aber die wirtschaftliche Verwertung hat in der Internetgemeinschaft kein Ende mehr. Das ist falsch formuliert: Das Ideal ist es, dass es kein Ende gibt. Ich stelle mir riesige Thinktanks vor, die die taktische Verwertbarkeit aller menschlichen „Schaffenskraft" steuern.

Als Effekt flicht sich eine Spirale, die sich auf ein ökonomisches Zentrum hin zudreht. Dafür müssen Werke, aber immer mehr auch die Werkschaffenden, verkaufbar sein. So kann beispielsweise ein klassisches Stück längst nicht mehr nur seine Interpretation sein, sondern besteht gleichsam auch in der Ästhetisierung der Interpret*in (Siehe oben auch das Cover von Grubinger). Diese folgt einem bestimmten sozialästhetischem Code. Nigel Kennedy und

David Garrett zum Beispiel versuchen den Code umzulenken, machen den eigentlichen Effekt faktisch jedoch nur schlimmer.

In diesem Verkaufshurrikan ist die „Mona Lisa" ein geradezu störrisches Biest. Überhaupt sind Museen größtenteils noch ein Hort der Unantastbarkeit. Man ermisst den Markt-Wert eines Bildes an seiner Versicherungssumme. Diese errechnet sich wie? Über die möglichen Schwarzmarktpreise? Über die Wiederbeschaffungskosten? Über die Konservierungskosten? Über virtuelle Versteigerungen? Über Vergleiche zu anderen versteigerten Werken (Siehe zum Beispiel Liste der teuersten Werke auf wikipedia.)?

Auch gibt es Kunstformen (oder auch Aktionsformen), die sich in ihrer Grundausrichtung gegen das Verkaufsgeschehen sträuben oder es zumindest erschweren, um gleichsam in großen Zügen wieder in es zu verfallen: Performance-Kunst, Skateboarding, Happenings, Drum Circles und weitere. Wir landen schnell bei Benjamins Reproduzierbarkeit der Kunstwerke. Die Reproduzierbarkeit wird gleichsam als Möglichkeit verkauft. Es wird die Möglichkeit eines größeren Rezipientenkreises oder die Chance auf nachhaltige Aufmerksamkeit, oder Vermögen suggeriert. Sicher gibt es aber auch Kunst-Schaffende, die bewusst oder unbewusst unter dem Radar fliegen wollen. Es gibt gewiss Personen, die etwas suchen, um sich auszudrücken oder, wie es oft behauptet wird, etwas zu verarbeiten. Rezipient*innen benötigen sie in erster Linie nicht. Einige wollen gar nicht präsentieren oder performen. Es geht nicht um Angst oder Respekt vor der Bühne, sondern vielmehr um eine Selbstgenügsamkeit. Sie wollen keinen Erfolg, wollen keinen Fokus auf sich.

Vielleicht aber wollen sie den Erfolg ihrer Kunst, sofern dieser ohne Einsatz ihrer Person erlangt werden kann. Daher widersetzen sie sich dem Erfolg, sollte dieser ohne Öffentlichkeit und Exposition der

Person nicht möglich sein. Hoffen wir, dass sie sich nicht korrumpieren lassen. In einem engen Kreis gibt es private oder institutionelle Kunstförderungen, die sich vornehmlich um die Sache selbst kümmern. Damit soll eine bestimmte Haltung bestärkt werden. Inwiefern diese auf lange Sicht auch auf Visibilität ausgelegt ist, kann ich hier nicht ermitteln.

Erfolg brilliert scheinbar mit Unabhängigkeit. Er bringt Prosperität. Somit kann sich die Kunst-Schaffen-de mehr auf die Kunst konzentrieren, kann sich mehr einlassen, ohne das Erwerbsleben zu vernachlässigen. Aber nur selten entkommt man der industriellen Maschinerie mit ihren Verbindlichkeiten, hat man sie einmal akzeptiert.

Andere machen ihre Kunst als Hobby, obschon auch diese Tätigkeiten nur zu oft im Kielwasser der Profis fahren. So gibt es zum Beispiel kaum mehr eine Musiker*in, die nicht eine CD aufgenommen hat oder T-Shirts etc. verkauft.

Neben den wirtschaftlich motivierten Antriebskräften gibt es natürlich noch ein anderes Schwungrad im Hintergrund: das ist die motivationale Lage der Künstler*innen und Kulturschaffenden, die meinen, eine Botschaft zu haben, die meinen, etwas auszudrücken, was wahrgenommen werden sollte. Die Möglichkeit zur Wahrnehmung verlangt eine Infrastruktur, die wiederum auf die Visibilität angewiesen ist.

Die Visibilität also ist ein Schaufenster, eine Werberad, das sich unablässig drehen muss. Die absurdesten Stilblüten sind Ehrungen, die für die höchsten Verkaufszahlen verliehen werden (Siehe: „der Echo", der seinem eigenen System erlegen ist.). Bisweilen dienen so selbst die Schaufenster wiederum als Produkt. Im Gleichen werden auch die Rezipient*innen, indem sie Merchandising zur Schau stellen, wiederum zum Schaufenster, oder zur Litfaßsäule. Merchandising möchte ich all das nennen, was um eine künstlerische oder kulturelle Aussage herum an Artikeln entworfen wird. Diese Artikel finden sich dann auf den Brüsten und Bäuchen der Anhängerschaft (H&M hat dies ad absurdum geführt, indem es T-Shirts von Bands an Menschen verkauft, die mit diesen Bands herzlich wenig anfangen können.), auf Mützen, die diese tragen, oder auch Hosen, bis hin zu Schuhen (Auf den gekauften Fußballschuhen gibt es dann ein kleines CR7 zu sehen.) und Unterwäsche. Eine laufende Litfaßsäule ist höchst effektiv. Es gibt keine Prä-Influencer-Zeit. Es gibt nur eine Zeit, da dies noch unbenannt war. Als Plakate oder hochwertige Drucke findet das Merchandising dann auch Eingang in distinguierte Haushalte. Auf diese Weise wird das Merchandising so auch zu einem Schaufenster der vermeintlichen Persönlichkeit der Träger*in (Als Plakat im Wohnzimmer, Rücken eines auditiven Mediums oder Buches im Regal …). Grundsätzlich geht es bei der Visibilität und Visibilisierung darum, die Aufmerksamkeit der Kund*innen nicht zu verlieren oder erst zu erhalten und dann zu binden. Daher gilt es, in möglichst alle wahrnehmbaren Lebensbereiche vorzudringen. So werden beispielsweise Seifenschalen, Geschirr, Babykleidung, Fußmatten, Weihnachtsbaumkugeln mit Merchandising angefüllt. Dabei erweisen sich Logos als die kondensierteste Form der Visibilität. Man betrachte deren effektvolle Schlichtheit wie auch ihre Omnipräsenz.

Wird der Fokus auf die Visibilität geleitet, ist die Kunst als Versuch, neue Wahrnehmungs- und Erkenntnisräume zu schaffen, am Ende. Die Visibilität gleicht einer Maschinerie. Das Werk wird zu einem Teilchen dieser Maschinerie. Vielleicht ist das Werk ein Schwungrad, doch zumeist ist es nicht mal das. Das Schwungrad sind zumeist die Verträge, die den Werken ihre Masse und ihren Umfang, häufig sogar ihren Inhalt, aufoktroyieren. Diese werden eher von Wirtschaftsprüfer*innen als von Kunstexpert*innen entworfen.

Dafür muss das Werk unabgeschlossen bleiben, damit es Waren und ein entsprechendes Warenbedürfnis hervorbringen kann. Dafür muss das Werk gesehen werden. Dieses Gesehenwerden wird werbetechnisch ausgearbeitet. Agenturen arbeiten an ihrer Darstellung und an der Periodisierung der Visualisierungen. Die Visibilität ist mithin quantitativ aufgebaut.

Dafür werden Plattformen geschaffen oder programmiert. Diese müssen schwellenlos und möglichst global zugänglich sein. Durch diese Plattformen hat der Warencharakter eine weitere Dimension hinzubekommen, indem auch die Nutzer*innen in Datenform verkäuflich werden. Diese Verzweigungen und Verwirrungen führen dazu, dass die Nutzer*innen dafür bezahlen, um Werbung am eigenen Körper tragen zu können, sogar dürfen. Die Nutzer*innen meinen mit Likes, Kommentaren und mit dem Teilen von Beiträgen Informationen im wahrsten Sinne des Wortes in der eigenen Hand zu haben. Visibilität schafft sich im Grunde selbst. McLuhan lässt grüßen!

Dieses System, dass durch die Visibilität aufrechterhalten bleibt, ist ein Spinnengewebe aus Vergesslichkeit und Erinnerungskultur. So muss zwar an etwas angeknüpft werden, dass gekannt wird, aber es muss sich neu anfühlen, besser, fertiger, damit es ein Bedürfnis schafft. Das Nutzungsverhalten wird ferner durch Langeweile getrieben. Die Waren bauen auf eine kurze Interessenspanne. Daher wird unablässig Neues verlangt beziehungsweise Neuigkeit suggeriert. Pausenlos werden Updates produziert, die Verbesserungen zu sein scheinen. Alles in allem wird Langeweile geschaffen, die durch kurze Hochs gebrochen werden.

Das führt zu einem Getriebenheitsgefühl aber auch einem Entfremdungsgefühl bei den Künstler*innen. Sie müssen liefern, aber das „Produkt" ist ihnen in dem Moment schon aus der Hand genommen. Dies ist keine neue Entwicklung, sie ist nur verfeinert, professionalisiert und perfektioniert worden. Empfehlungslisten sind Bestsellerlisten. Sie dienen als Qualitäts-Empfehlungen und verstec-ken nicht einmal ihre „Vermassung". Aber es wird eine sogenannte „Schwarmintelligenz" beschworen, die es realiter gar nicht gibt.

Es geht ums Gefallen, nicht ums Augenöffnen, um Erkenntnisse, um Erweiterungen, um Perspektivwechsel oder Ähnliches. Es geht eben nicht um Intelligenz. Bestseller hinterlassen eine Schalheit, da sie lediglich den Hunger kurz abdecken.

Die Visibilität beziehungsweise die Visibilitätssicherung widerspricht allem, was wir uns in den Spazierklängen vorgenommen haben. Die Performances sollen spontan sein, improvisiert, analog, instantan. Rezipient*in und Produzent*in sollen dem gleichen Raum angehören, oder zumindest im Prozess den Raum für sich generieren können. Nachhaltig ist der Prozess.

Bei: Niehler Hafen - wirr

Manchmal kommt etwas anderes heraus, als das, was man erwartet. Und nun, da wir schon unseren fünften oder sechsten Ausflug unternehmen, muss ich sagen, dass ich voller Erwartungen in unsere Treffen gehe. Es ist eine absonderliche Form der Erwartung. Es ist eine relaxte Spannung. Wir wissen nicht recht, was passieren wird und dennoch haben wir etwas vor. Unser Weg, der Raum, unsere Stimmung ist uns wichtig. Es muss nicht richtig sein, aber es muss stimmen. Gleichzeitig ging es uns immer auch um uns. Wir wollten lernen, uns verstehen, erweitern, ausleben, ausdrücken.

Heute ist mir das Gelände des ersten Teils unseres Spazier-Klangs geläufig. Das Gelände gehörte lange zu meiner Jogging-Hausstrecke. Es war kalt und windig. Die Stimmung war irgendwie gespannt, ohne dass ich das verorten konnte. Aber genau das machte die Spannung aus.

Holger und ich kennen uns nun schon sehr gut und es hat sich auch, ohne dass wir es abgesteckt hätten, ein kleines Ritual herausgebildet, das fast den Charme einer Therapiesitzung hat. Wir begrüßen uns und fragen uns kurz nach unserer Laune, geben uns ein kleines Update. Nicht zu tiefgründig und auch nicht oberflächlich. Das ist, als überträten wir eine Schwelle. Je nachdem, was uns passiert ist, bringt uns das Ritual direkt ins Innere eines größeren Fragekreises.

Diesmal stand, wie schon häufiger, die Schul-, besser: die Unterrichtssituation oder Unterrichtshaltung im Vordergrund. Holger fühlt sich gedrückt, ausgelaugt, er fühlt einen Druck als Lehrer, zweifelt an seiner Stellung sowie an der aufgebauten Hierarchie. Im wahrsten Sinne des Wortes drückt es ihn. (Siehe Essay zum Unterricht) Man kann den Schmerz spüren. Die Fragen klingen in meinen Ohren. Er trifft damit auf fruchtbare Erde, da auch ich seit längerem an meiner Lehrerperson arbeite, ins Straucheln komme, Wagnisse eingehe und versuche, Grenzen zu verschieben.

Unser Gespräch spitzt sich auf eine wesentliche Frage zu: Was ist ein gutes Lehrer-Schüler-Verhältnis? Wie kann man das in Zusammenarbeit mit den Schüler*innen erarbeiten, installieren, verfeinern, vertiefen? (Beim letzten Treffen sprachen wir, dies nur als Nebenbemerkung, über unser Verhältnis zueinander, da auch wir uns zunächst als Lehrer und Schüler begegneten.) Heute – bald zwei Jahre später – sind wir beide keine Lehrer im deutschen Schulsystem mehr.

Unsere erste Station am heutigen Tag: Die Brücke am Niehler Hafen. Es ist eine ca. 50 Meter lange Stahlbrücke, deren Lauffläche aber aus Holzbalken besteht, die freudvoll klackern, wenn man sie betritt. Aber vielmehr noch, wenn man sie befährt. Neben einem stählernen Handlauf mit einfacher Verstrebung gibt es noch einen großen Stahl-Bogen. Auf beiden Seiten des Kanals, der unter der Brücke in den Hafen beziehungsweise in den Rhein führt, dreht sich die Brücke sanft hinunter, sodass sie prima mit Fahrrädern und auch mit Rollstühlen befahrbar ist (Etwas steil vielleicht...). Sie bildet ein wundervoll geschwungenes S.

Wir standen zunächst längere Zeit still, beide auf der Suche oder man könnte sagen auf Empfindungs-Tour. Der Wind blies uns um die Ohren, die Farben waren stark und durchdringend. Wir spürten das Vibrieren der Brücke, wenn jemand passierte. Das schienenhafte Ruckeln bei Fahrrädern war besonders prominent. Ich versuchte, ein Papier im Wind erklingen zu lassen. Über die Kamera hört man später den Laut deutlicher als in diesem Moment. Holger munterte mich auf, die Perspektive so zu verschieben, dass ich das Papier im Wind hören kann. Welche Perspektive zum Laut muss – besser „kann" - ich einnehmen? Hat ein Laut einen

Aufforderungscharakter? Was benötigt der Laut, um diesen zu haben?

Und so tasteten wir uns an das Geländer vor. Wir legten das Ohr auf das Geländer, das die Töne der Brücke überträgt. Dann erst versuchten wir selbst das Geländer mit seinen horizontalen und vertikalen Metallrohren zum Erklingen zu bringen. Zunächst mit den Händen, dann mit Brushes.

Was wünscht sich ein Hafen, der ungeschäftig wirkt. Abgestellte Zugteile stehen auf auslaufenden Schienen, kein Kran bewegt sich, dafür aber das Wasser, über dessen Oberfläche der Wind geht. Dann doch ein Lastenboot. Gemächlich und unfassbar lang. Behäbig dreht es sich um die Mole.

Das Geländer ist irgendwie störrisch, aber genau darin liegt auch seine Kraft. Die Bewegungsmuster müssen neu gedacht werden.

Wir fuhren weiter in Richtung Ford-Werke. Und trafen zunächst auf eine kleine Kirche. Niehler Dömchen. Kirchen sind in besonderer Weise Inspirationsquellen. Obschon wir beide unreligiöse Menschen sind. Aber auch wir spüren die Kraft, die die Kirchen in sich tragen, die Hoffnung; können die Gebäude als Kunstwerke anerkennen. Natürlich sind die Räume als akustische Klangobjekte inspirierend. Sodass doch immer die Frage im Raum steht, war der Klang vor dem Raum da? Die Antwort ist langweilig.

Später sollten wir von den Eigenschaften der Kirche Sankt Gertrud fasziniert sein (Siehe: https://www.youtube.com/watch?v=Gy8hpD_7erk&t=4s; 22.04.2022).

Wir hielten uns nur kurz am Dömchen auf.

Unser nächster Stopp war die Hochwasseranlage kurz vor den Fordwerken. Dort ließen wir uns vor einer großen, halbrunden und schiefen Wand aus geschichteten Steinen nieder. Wir spielten hier mit Steinen und den Kugeln von Holger. Außerdem versuchte ich den Ärger über eine Freundin für mich umzusetzen. Ich nahm ein Hinweisschild zur Überflutung-Verhinderungs-Taktik und spielte mit Gong-Sticks auf ihm.

Der Tag pendelte für mich zwischen Verspieltheit und Ernsthaftigkeit. Später fuhren wir (einfach nur so) nach Chorweiler und setzten uns zum Eisessen oder so auf eine der neu installierten Bänke zwischen den großen rustikalen – brutalistischen - Bauwerken. Während Holger telefonierte, nahm ich einen leicht im Wind rollenden Café-Becher auf. Es erinnerte mich an „American Beauty".

Wir sprachen über Erwartungen an Freundschaft, Hilfsbereitschaft, Tiefe, Mitgefühl. So berichtete ich beispielsweise von meinem Gefühl, dass ich von Freundschaft auch erwarte, den anderen auch in der Progression des eigenen Schmerzes auf dem Laufenden zu halten.

Raum

Das Digitale hat den Raum und das Raumempfinden verändert. Ich würde sogar sagen, es hat es an sich gerissen. Schlussendlich hat es Räume durch Orte ersetzt.

Bevor die Digitalisierung einsetzte, gab es bereits mehrere dieser raumverändernden Umwälzungen. Eine davon sind die innovativen Entwicklungen der Verkehrsmittel. Eine andere ist die Schriftkultur. Im Bereich der Forschungen im Rahmen der Spazierklänge will ich hier auch die akustischen sowie die visuellen Aufnahmen nennen. Die genannten Entwicklungen haben aber die Räume mehr oder weniger bestehen lassen, wenn sie auch in sie eingegriffen haben, ihre soziale Struktur verändert haben, sie bisweilen segregiert oder zerrissen haben. Mit dem Digitalen hingegen wird dem Raum die Räumlichkeit genommen.

Bei den Verkehrsmitteln muss im Besonderen die Motorisierung hervorgehoben werden. Deren Einfluss kann man deutlich an unseren Städten ablesen, die den Bedürfnissen dieser motorbetriebenen Fahrzeuge angepasst worden sind. Zunächst die Verkehrsmittel als auch dann später das Digitale scheinen den Raum komprimiert zu haben. Durch die schnelle und schwellenlose Erreichbarkeit scheint alles näher zusammenzurücken. Es scheint auch alles erreichbar zu sein, was deutlich über die Orte hinausgeht, die man ansteuert. Der Bezug zu Distanzen wurde neu eingerichtet. Die Welt scheint dem Menschen zu gehören. Aber vielmehr als dass die Verkehrsmittel dem Menschen helfen, scheinen sie den Menschen zu erweitern. Die Kraft und Schnelligkeit (später auch das Digitale) geht auf den Menschen über, wird Teil seines Charakters. Mit diesem neuen Raumgefühl geht also auch ein neues Gefühl des Menschseins einher. Daher stammt die starke Identifikation der Fahrer*innen mit den Fähigkeiten ihrer Maschinen. Auch das

Verhältnis der Menschen zueinander wie auch zum jeweiligen Handlungsrahmen hat sich somit geändert. Die Transportmittel sind infolgedessen immer auch politisch, wirtschaftlich, ökologisch und anthropologisch.

Die Transportmittel haben aber keine Räume geschaffen oder zusammengefügt, sondern Orte verbunden. Und in ihrem Kielwasser eine enorme Anzahl an Nicht-Orten (Augé: Flughäfen, Bahnhöfe, Parkplätze...). Orte lassen sich mit Koordinaten beschreiben. Orte findet man auf Landkarten. Orte können fotografiert werden. Orte aber können nicht festgehalten werden. Die Transportmittel nehmen dem Raum die Langsamkeit, lassen ihn abflachen. Orte müssen erreicht werden oder hinter sich gelassen werden. Mit Räumen geht das nicht. Diese Verschiebung der Räume zu Orten hat die Globalisierung, die im Übermaß eine Warenkultur darstellt, überhaupt erst möglich gemacht.

Wir müssen den Transportmitteln aber zusprechen, dass sie die Möglichkeit für Räume an Orten geschaffen haben, die wir ohne sie nicht oder nur sehr schwierig erreicht hätten. Man scheint damit Zeit zu sparen, indem man Distanzen überbrückt. Aber man nimmt gleichsam dem Weg seine Wichtigkeit. Man nimmt dem Weg seine Essenz, indem man „eine Brücke schlägt", die der Bewegung ihre Sinnlichkeit nimmt. Ferner werden die Räume zunehmend privatisiert und dem Sozialen entzogen. Der Drang nach großen Autos und allgemein nach heimeligen, persönlichen Autos zeigt deutlich den Mangel, den die Nutzer*innen spüren. Die Unfähigkeit dazu bricht sich in simplen Aufklebern Bahn.

Im Gleichen machen sie der Nähe - der Umgebung - die Räumlichkeit streitig. So werden Wohnungen mit dem Hinweis auf gute Infrastrukturen vermietet und bepreist. Aber die Infrastruktur ist ein Überwinden und nicht ein Verweilen.

Wir möchten fast sagen, es ist die falsche Verwendung der Transportmittel, die Übersteigerung ihrer Funktionalität, die diesen Effekt hervorbringt. Es ist das Verhältnis von Notwendigkeit und Wunsch, das sich verdreht hat. Denn natürlich gibt es auch Momente und Tätigkeiten, da die Rolle der Räume in den Hintergrund rückt. Nämlich bei Rettungsaktionen oder auch bei bestimmten Formen der Versorgungssicherung beispielsweise. Dann darf der Zustand allerdings keine Dauer gewinnen. Denn so erhielte jeder Augenblick das Angesicht eines Notfalls. Urlaubsflüge gleichen der Flucht. Autofahrten haben den Anstrich von Erste-Hilfe-Maßnahmen. Nach der Überwindung der Ersthilfe aber muss wieder Raum geschaffen werden.

Der zunehmende Zusammenfall des Digitalen mit den Verkehrsmitteln wird noch einen ganz neuen Weltzugang enthüllen. Bevor wir einen Schritt weitergehen, möchten wir kurz auf die besondere Verkehrssituation in der Zeit der Lockdowns zu sprechen kommen. Da nunmehr in den Kategorien der Systemrelevanz gedacht wurde und noch wird, war ein Großteil des normalen Verkehrs eingeschränkt. Der Flugverkehr gar war bisweilen ganz eingestellt. Der visuelle Eindruck war beeindruckend, aber noch viel mehr hatte es Einfluss auf die Lautsphäre. Insgesamt wurden die Städte leiser, stiller, ruhiger. Das quirlige Treiben der Städte kam zum Erliegen und hat anderen „Kräften" zugelassen, sich zu zeigen. Es tauchten ungewohnt Tiere auf offener Straße auf.

Diese neue Situation führte aber nicht zu Umwälzungen, Veränderungsgesuchen. Sie Situation war den Menschen unangenehm. So wurde nur davon gesprochen, dass wir diese „Mangelsituation" überbrücken müssten, überstehen. Dann kehren wir zurück zur Normalität. Die Straßen wirkten leer, aber sie bargen keine Möglichkeiten. Sie waren verwaist. Es fand keine Aneignung statt.

Eine Enträumlichung können wir auch bei der Schriftkultur entdecken. Mit der Schriftkultur - und auch hier ist die Maschinisierung hervorzuheben – wird Kommunikation, die vormals eines einheitlichen Raumes bedurfte, distanziert. Das akustische Signal wird umgewandelt, wodurch es dem räumlichen Bezug seiner Kodifizierung enthoben wird. Die Information selbst wird so zunächst enträumlicht, indem die Informationen materiell einer bestehenden Infrastruktur angepasst werden müssen. Bei Büchern wird den Schwellen zwischen den Räumen Rechnung getragen, indem der Gestaltung des Buches viel Aufmerksamkeit zukommt. Außerdem werden ihm editorische Informationen hinzugefügt sowie Informationen zu der Autor*in. Private Briefe sind, vor allem durch die Handschrift, grundsätzlich personalisiert. Whatsapps sind es nicht, auch wenn sie versuchen, es vorzugaukeln. Das Digitale, dass die Schriftunterschiede nivelliert hat, bricht somit mit dem Privaten (Die Sorge vor dem Bruch mit der Personalisierung kann man an einer ansteigenden Anzahl an wählbaren Schrifttypen oder anderen Personalisierungsversuchen, die immer standardisiert bleiben, ablesen. Ich muss immer wieder an McLuhan denken.). Briefe im Allgemeinen sind zumindest adressiert und haben zumeist persönliche Ansprachen.

Erst im Digitalen hat Spam eine überbordende Bedeutung gewonnen. Spam hat weder Sender*innen noch Empfänger*innen. Daher verflachen Informationen in diesen Schriftstücken, sie haben lediglich pauschalen Inhalt. Dadurch, dass sie scheinbar personalisiert adressiert sind, können sie dennoch in die Intimsphäre der Empfänger*innen eingreifen, wenn man es zulässt. Damit die Spams „Erfolg" haben, werden sie daher oft maskiert. Es gibt direkte Anreden oder scheinbare Bezüge auf Vergangenes.

Spams und andere Schriftstücke werden nicht einmal mehr persönlich geschrieben, sie kommen ohne Unterschrift aus. Man kann nicht auf sie antworten („donotreply@...“). Oft werden sie von Maschinen oder Robotern geschrieben. Dies hat sich nach und nach auch in die Telefonkultur eingeschlichen. Firmen arbeiten mit maschinellen Antwortsystemen. Roboter und Maschinen können keinen Raum haben.

Durch den Verlust des ursprünglich gemeinsamen Raumes, den Sendung und Empfang innehatten, ist der Interpretationsprozess der Information, die übermittelt wird, grundsätzlich reformiert. Der Raum muss überbrückt werden, die Interpretation muss die Ortsverschiebung verstehen. Die Räume bleiben getrennt.

Anders als bei den Verkehrsmitteln ist Geschriebenes, sofern es noch personalisiert werden kann, aber zumeist in Räume einfügbar, es kann die jeweiligen Räume anfüllen. Dafür muss ihr Inhalt aber umgesetzt werden, muss sich zu eigen gemacht werden. Damit erst erhält er nach dem Empfang den Raumbezug. Das Einfügen ist ein aktiver Prozess der Nutzer*innen.

Denn die Sprache selbst ist nicht allein ein Instrument zur Überwindung von Distanzen und der Übermittlung von Informationen, will sagen einer intersubjektiven Kluft, sondern dient gleichsam dem Verständnisprozess jedes einzelnen. Durch diesen Verständnisprozess kann die Distanz zweier Personen gegen Null tendieren. Die Übereinstimmung im Verständnis schafft Raum. Anders herum kann man sich durch Sprachkenntnisse auch Räume aneignen – besser sich in Räume einfügen oder einbringen -. Dies gilt natürlich nicht nur für die in der Kindheit „mitgegebenen“ Sprache, sondern ebenso für neu erlernte Sprachen jeder Art. Auch die des Tanzes, der Musik, Mathematik, Physik, bildenden Kunst ...

Jede Übersetzung entfremdet uns von dem Übermittelten aber auch von sich selbst. Daraus entsteht der Effekt, dass man die eigene ästhetische, ethische oder orientierende Einschätzung nicht verstehen kann. Nur so können Sachen ihre Schönheit entfalten, sobald sie in das Verständnis gelangen. Nur so gewinnt etwas Eleganz, das zuvor ungehobelt wirkte, nur weil man es zu verstehen beginnt. Das Verständnis ist folglich ein Vieldimensionales. Darin entfaltet sich der Raum. Die Wissenschaften (und in ihrer Folge die Schulen, Akademien und Universitäten) irren darin, diesen in Einzeldisziplinen auseinanderzunehmen. Es gibt keine Universalsprache, aber es gibt zwischen den verschiedenen Sprachen auch keine scharfen Grenzen, die keine Transformation zulassen würden. Ich verweise an dieser Stelle gerne auf den Essay zur „Ethik des Zuhörens" in diesem Buch.

Die Digitalisierung der Sprachen macht dieselben gewissermaßen universal. Dies findet aber auf einer Ebene statt, die nur sehr wenige Experten überhaupt verstehen und tiefgreifend verwenden können. Die entscheidenden Codes, wie beispielsweise die Google-Algorithmen, sind sogar geheim.

Ansonsten ist das Internet gerade wegen der verwendeten Algorithmen das größte soziale Spaltungs-instrument. Die Übersetzung der Informationen ist stets gerichtet und selbstreferentiell. Daher kann man kaum von Übersetzung sprechen. Von Interpretation ganz zu schweigen.

Wir sprechen heute öffentlich und offen über Sprachechos, Echokammern, Erkenntnisblasen, aber wir sprechen aus diesen selbst heraus. Diese schaffen keine Distanz, sondern sie sind Distanz. Die Distanzierung der Menschen zueinander lässt ihre Handlungen taktisch werden. Es geht kaum mehr um Inhalte, sondern um die Verortung zueinander, die Vorteilsverschaffung in jeglichem Sinne und der Aufmerksamkeitserzeugung (Siehe „Visibilität" in diesem Buch). Umarmungen werden verteilt, aber der Blick ist schon in die Ferne gerichtet. Es werden Dinge gesagt, die effektgerichtet sind. Nahezu alles, was wir tun unterliegt einer Quantifizierung. Es geht nicht darum, wer mich wie sieht, sondern nurmehr darum gesehen zu werden.

Bei akustischen Aufnahmen findet eine ähnliche Umwandlung wie bei der Schriftkultur statt, aber die Sender*in-Empfänger*in-Distanz ist noch größer. Der Klang, den ich über mein Abspielgerät transportiert höre, hat eine vielfache Umwandlung der Raumgebundenheit erfahren: die zum Beispiel vom Komponist*innenzimmer, zum Proberaum, ins Aufnahmestudio, in einen Abspielraum (wie unser Wohnzimmer zum Beispiel). In dem Moment, da die Aufnahme angehört wird, hat der Raum eine Transformation durchgemacht. Die akustischen Reize beziehen sich nun auf eine gänzlich andere Räumlichkeit. Damit haben sich auch die akustischen Informationen transformiert.

Eine (gute) Komponist*in kann die möglichen Räume mitdenken. Es wird gar für bestimmte Räume komponiert. Eine (gute) Produzent*in kann die möglichen Räume vorausdenken, so kann der Raum in der Tonqualität antizipiert werden. Räume können darin diskriminiert werden.

Der Klang hat damit auch in gewisser Weise eine Essenz-Veränderung vollzogen, indem er aus einem akustischen Reiz in magnetische oder auch digitale Informationen überführt wurde. Der reale Ton und seine Qualität, sollten diese jemals bestanden haben, scheinen im Folgenden eine Funktion zugesprochen bekommen zu haben. Man benutzt die Realität. Die Annäherung erfordert bisweilen eine starke Entfremdung. Darin ähnelt es der Produktfotografie.

Die Liebe für Langspielplatten ist eine aufkeimende Romantik zur Originalität. Ebenso gilt dies für repetitive Konzerte, die in Touren organisiert werden. Die Entwicklung geht aber in eine andere Richtung. Musik-Plattformen reißen Gesamtkonzepte auseinander, unterminieren Artwork und Personalisierungen.

Im Digitalen aber hat die Raumveränderung ein eigenes Gewicht. Das Digitale wirkt nicht nur auf den Raum, sondern hat auch dessen Qualität verändert. Dem Raum ist die Realität genommen worden. Ihm ist selbst sein genuiner Charakter, die Ausdehnung, genommen worden.

Das Digitale zerlegt wortwörtlich alles in Stromspannungen. Dieser digitalen Übernahme ging das Fern-Sehen voraus. Darin war die Distanz und Umformung, aber auch die Privatisierung entfremdeter Erfahrungen bereits enthalten. Das Kino ist hingegen noch ein sozialer Ort der Begegnung und der Stadtinterpretation. Das Fernsehen nimmt den Übertragungen das Soziale.

Die Digitalisierung presst alles in ein binäres System. Aber vielmehr als es zu übersetzen, hat es einen eigenen Kosmos geschaffen, der die reale Welt überschreibt. Das binäre System ist in seiner Einfachheit unschlagbar. Die Verwendung vergisst zunehmend selbst die Binärität. Oft fehlt bereits der Dislike-Button.

Nun sind die Welt wie auch der Erfahrungsbereich virtuell. In ihrer Virtualität schmeicheln sie sich übergangslos in die Wirklichkeit ein, sodass der Übergang kaum spürbar ist. Mit dem Digitalen ist man nicht an einem Ort, geschweige denn an einem Raum. In Wirklichkeit ist man nirgendwo. Man ist nirgendwo wirklich. Die Integrität der Person wird damit unterminiert. Im Sozialen wird dies noch deutlicher. Als Schwelle bleibt das digitale Endgerät. Die Infrastruktur wird versucht intuitiv zu gestalten. Daher ist seine Schwellenlast nur noch für ungeübte Nutzer*innen spürbar. Da die virtuelle Welt sich aber hegemonisch über die reale Welt schiebt, erzeugt das Endgerät einen Selektionsdruck. Ferner sind die Möglichkeiten der Geräte wie auch die Gestaltung der virtuellen Welt in sehr wenigen Händen. Darin zeigt sich die Machtübernahme. Dass der Mensch seinen Wert aber, und ich würde sagen: auch vorzugsweise, aus dem realen sozialen Kontakt zieht, bleibt unbeachtet. Kulturelle Entäußerungen schaffen nicht nur eine Geistesweite, sondern auch eine individuelle wie auch gemeinschaftliche Identität. Sie werden aber als Unterhaltungsindustrie abgetan. Der Begriff „Industrie" verrät die Unterhaltung an dieser Stelle. Kultur schafft eine Orientierung, die Religionen in einem engeren Sinne nicht schaffen können. Aber wichtiger ist die Identitätsbildung. Ich spreche hier von keiner Leitkultur, sondern von dem Versuch im kulturellen Schaffen eine Persönlichkeit zu entwickeln. Der Mensch als reine Rezipient*in kann diesen Weg nicht gehen. Daher kann er es als Konsument*in auch nicht. Es ist eine Form der Teilnahme, der Teilhabe, die einen macht. Daher entfremden uns Aufnahmen bereits vom Kulturschaffen. Eine CD zu hören (Schlimmer noch die vollständige Entphysikalisierung durch Streams), ein Video zu schauen ist keine Teilnahme. Ich beschwöre hier das viel zitierte „Eintauchen". Teilnahme sollte eigentlich „Teilsein" heißen. Dies kann nur analog stattfinden. Aufnahmen sollten nur der Überwindung nicht überwindlicher Barrieren wie beispielsweise der Zeit dienen.

Damit verweise ich nicht auf die benjaminsche Aura des Originals, sondern auf die Originalität in der Teilhaberschaft. Der Vorführende (nehmen wir zum Beispiel eine Musiker*in, Performer*in, Theaterschauspieler*in, aber auch die Textur eines Gemäldes) ist im besten Fall die Anstoßende und dennoch nur ein Teil. Vielleicht ist er der Nukleus der Performance. Die anderen im besten Wortsinne Anwesenden formen die Performance allerdings zu jeder Zeit mit. Sie bilden somit eine Identität, die ephemer sein kann, aber das Innerste einer demokratisch organisierten Gesellschaft entspricht. Massenkultur hingegen entfremdet die Akteure auch im Live-Event voneinander.

Die Virtualisierung führt auch zur Einstellung der Jugendkultur, die zuvor raumgestaltend waren. Skateboarden, Graffiti, Jugendsprache

170

haben keine Durchschlagskraft mehr. Im Digitalen versimplifizieren die Plattformen die Ausdrucksformen beziehungsweise ersticken Abweichungen in Funktionalitätslimitationen. Die Jugendkultur ist mithin vorökonomisiert. Nunmehr ergeht sie sich in Extensivität, wird also quantifiziert und verblödet. Skateparks und zur Bemalung frei gegebene Graffiti-Wände oder Auftragsarbeiten waren Vorgänger dieser Sperren des Veränderungs- und Gestaltungswillens. Es war die gleiche Übernahme, Einfriedung, es war eine Art Rache, die im Digitalen ihre Erfüllung gefunden hat.

Intermezzo: Bei der Recherche hat sich gezeigt, dass auch „digital" eine Metapher ist. „Digital" heißt „zum Finger gehörig". Die Assoziationen dazu sind phantastisch!

Das Digitale löst einen stets von dem physischen Ort seines Körpers. Damit wird einem der Raum schon beim fixen Greifen nach dem Smartphone genommen, wenn jemand im Café vom Tisch aufsteht. Die Nutzung des digitalen Endgerätes bricht den sozialen Raum. Für die Blickende sogar den persönlichen Raum. Jetzt gilt nur noch der Ort. Dieser ist wirtschaftlich nutzbar. Der Raum ist es nicht.

Das Gleiche tut der stete Blick auf den Bildschirm bei jedem Ton, Aufblinken der Bildschirme oder bei Vibrationen. Gespräche finden über Distanzen – von denen man zumeist gar nicht weiß, was die Distanzen in Qualität und Quantität bedeuten - statt, die auch den physisch anwesenden Anderen in Distanz versetzen. Die Whatsappisierung der Gespräche verschärft die Distanz.

Jeder Versuch, diese Distanz im Digitalen selbst zu überwinden, bleibt an der Oberfläche hängen, obwohl die einschlägigen Firmen der sogenannten sozialen Netzwerke ein großes digitales Angebot hierfür bereithalten. Sie sprechen von „Freund", „mögen", „kommentieren". Es bleibt dabei, dass räumliches Beisammensein „mit-sein" heißt. Doch weder teilt man nunmehr die Zeit noch den Raum miteinander. Man kann den Raum der Anderen im Digitalen nicht teilen. Man hat ihn zerteilt. In Digits und Pixel. Man zerschneidet die wirkliche Wahrnehmung. Daher wohl der Drang, Fotos vom aktuellen Aufenthaltsort zu senden. Als könnte man so den anderen hinzuholen. Man versendet Fotos oder Videos des Essens, das man gerade einnimmt, die Erfolge, die man erringt, die Besonderheiten im Tagesablauf, die in jedem Fall visuell – eigentlich sogar visuell sensationell - sein müssen. Alles ist so eingerichtet, als könnte man mitessen, mit da sein, mitfühlen. Diese Form, Teilnahme herzustellen, unterliegt natürlich einer perversen Reduktion und Selektion. Dies liegt im Besonderen an den verwendeten Medien, aber auch an den Plattformen, über die diese weitergeleitet werden. Gleichsam sollen sie möglichst viele Likes und Kommentare oder Views generieren, was eine weitere Stufe der Selektion erfordert. Wir sind alle Werbekaufleute für uns selbst geworden.

Die anderen sind und bleiben dennoch entrückt. Das Versenden verlangt die Distanz, die Abwesenheit voraussetzt. Die Reaktionen sind kurz, schnell, instantan und haben keinen Nachhall. Sie sind ephemer. Sie hinterlassen soziale Schalheit. Ich werde dein Essen nicht schmecken. Ich kann auch das Hochwasser nicht riechen oder deine Angst. Ich spüre nicht die Wärme der Sonne. Mit der Reduktion wird der eigentliche Abstand zwischen den Personen, die die gleichen Plattformen konsultieren, sogar noch vergrößert. Die persönliche Teilnahme an den gesendeten oder geposteten Geschehnissen bleibt grundsätzlich immer zweifelhaft. Die Qualität und Quantität des Gezeigten durch die digitale Veränderbarkeit ebenso. Die Virtualität untersetzt die Realität mit einem anhaltenden Zweifel.

Daher kommt die „moderne" Empathielosigkeit, aber auch die Oberflächlichkeit bei Umarmungen oder ähnlichem. Es gibt nur noch das segmentierte Ich, dessen Identität bezweifelt werden muss und dessen soziale Bande unwirklich ist.

Es bleibt kein Raum mehr. Alles sind nur Orte mit klar abgeschliffenen Grenzen. Von einem Ort wird gesendet, von einem anderen Ort aus, den wiederum die Postende nicht wahrnehmen kann, werden die Posts gelikt oder kommentiert (Das man einen Begriff verwenden muss, den man dem Englischen entlehnt, deutet schon auf dessen neue Qualität hin, denn im Deutschen haben wir Begriffe dafür: aufhängen, plakatieren, ankündigen, Wandzeitung aufhängen.). Die Konvertierung der sogenannten Informationen in das binäre Informationssystem bleibt den meisten ein Mysterium. Sie sind damit entpersonalisiert. Die Message des Posts wie auch die Reaktionen sind körper- und raumlos, sie könnten von Robotern sein und sind es ja auch zunehmend (siehe oben). Unterschiede zwischen den teilnehmenden Personen sind nivelliert.

Dies ist vornehmlich in den Likes sichtbar. Sie unterscheiden sich nicht. Likes lassen keine Rückschlüsse darauf zu, ob und wie überhaupt wahrgenommen wurde. Sie suggerieren, dass sie die gleiche Intensität, Qualität, Güte und Liebe enthalten würden. Da die verwendeten Plattformen die Reaktionsmöglichkeiten gestalten, entstalten sie gerade deren Persönlichkeit. Die Virtualität des Raumes hat mithin auch die Akteur*innen verschwinden lassen. Es ist mehr und mehr egal, wer reagiert. Auf der anderen Seite ist es bedeutender, dass man im Digitalen reagiert als im Persönlichen. Dies wird nochmals dadurch gesteigert, dass die überwiegende Mehrheit der Reaktionen wie auch der Posts über unbekannte Server weitestgehend jedem zur Verfügung stehen. Das unterminiert das Private (www.dwds.de: privat Adj. 'persönlich, vertraulich, nicht amtlich, nicht öffentlich, einem oder mehreren einzelnen gehörend, nicht staatlich', Entlehnung (16. Jh.) aus gleichbed. lat. prīvātus, eigentlich '(der Herrschaft, Amtsgewalt) beraubt, (vom Staat, von der Öffentlichkeit) abgesondert', dem Part.adj. von lat. prīvāre 'berauben, befreien, (ab)sondern'; vgl. lat. prīvus 'für sich bestehend, einzeln, eigen(tümlich), einer Sache beraubt' (s. Privileg).). Es zerrt das Private ins Öffentliche. Das Private jedoch braucht einen Raum. Das Soziale braucht einen gemeinsamen Raum. Beides braucht einen wirklichen Raum. Deswegen ist der Begriff „soziales Netzwerk" ein Etikettenschwindel. Der Raum muss mit allen Sinnen erfahren werden. Der eigentliche Raum ist die Luft, die unsere Lungen einziehen, die unsere Haut spürt, der Boden, den Füße und Hände berühren können, der Geschmack und Geruch der Dinge um uns. Der Raum entsteht im Einfügen.

Dieser Raum fehlt nun. Das Suchthafte des Digitalen wird gerade durch diese Unbefriedigtheit erzeugt. Das Digitale erzeugt einen Mangel, der in der Differenz zwischen dem Benötigten und dem, was geliefert wird, besteht. Dabei hat das Digitale einfach die wirklichen Begriffe übernommen, umgeformt und für sich nutzbar gemacht: Freund, Umarmung, Gruppe, Mögen, Einladung, Markt, Kontakt (Im Deutschen nur, wie gesagt, zumeist durchs Englische entfremdet.). Das Digitale hat dem Leben diese Wirklichkeitszugänge entfremdet und hat sie virtualisiert. Die Wirklichkeit, so scheint es, muss nun hergestellt werden, indem man sie filmt oder fotografiert und dann der Öffentlichkeit zur Verfügung stellt. Dabei scheint gar nicht aufzufallen, dass gerade das das Geschehen unwirklich macht. Die Fülle, die das Digitale erzeugt, ist eigentlich eine Leere, die Teilnahme ist Abwesenheit, der Like ist Indifferenz, das Hier ist ein Nicht-Ort, das Jetzt ist eine Nicht-Zeit.

Denn auch die Zeit wird durch die Digitalisierung in ein neues Kleid gehüllt. Zeit wird zu einer rein physischen Struktur, die man verschieben, spreizen und komprimieren kann. Mit ihrer Berechenbarkeit wird die Zeit markttauglich. Sie hat keine Fülle und keine Qualität. Sie ist nicht angebunden. Man könnte sagen, sie vergeht. Qualitative Zeit vergeht nicht, sie bleibt. Sie füllt einen an. Deswegen schätzt man heutzutage die „quality time", der man also auch ein Etikett angehängt hat. Damit wird suggeriert, dass nicht alle Zeit so sein kann.

Ich glaube, das ist eine ökonomische Lüge. So kann die Qualität der Zeit vermarktet werden, da der Zeit etwas hinzugefügt werden muss, um qualitativ anspruchsvoll zu sein. So wird Mangel normalisiert. Alles andere ist Abhilfe.

Das wiederum strahlt auf den Raum aus. Denn Raum will Zeit beziehungsweise er „verlangt", dass wir die Zeit speziell gestalten. Das perfekte Gleichgewicht der Einflussnahme der beiden aufeinander, macht das Wohlbefinden der Teilnehmenden aus. Der bewusste Bruch dieses Gleichgewichts kann zu einer Umorientierung führen, kann Kritik ausdrücken (Siehe dazu zum Beispiel die 24h-Performance von Holger: https://www.youtube.com/watch?v=Gy8hpD_7erk).

Ein Dasein im wahrhaftigen Sinne und wahrscheinlich noch viel mehr im heideggerschen Sinne gibt es so nur noch in ausgewählten bisweilen erkämpften Situationen. Das muss erlernt werden. Dafür gibt es Kurse und Workshops. In diesen wird einem Aufmerksamkeit, Sinnesstärke, Selbstbezug, Genügsamkeit, Achtsamkeit, Konzentration, bewusste Wahrnehmung gelehrt. Die Workshops sind real, aber sie schaffen es nicht, ein konsistentes Wirklichkeitsbild herzustellen. Zumeist bedürfen sie steter Wiederholung, weil sie keine Nachhaltigkeit schaffen.

Da die Öffentlichkeit das Digitale exzessiv fordert, kann man dem nur schwer entkommen. Mittlerweile werden Bereiche unwiderruflich digitalisiert. Im Zuge dessen erhält die Digitalisierung gar einen Selbstzweck. Darin wird die Verschiebung der Realitätswahrnehmung deutlich. Die Schulen, würde ich sagen, leiden darunter. Es gibt dort keine treibenden Kräfte mehr, die Realitätserfahrungen denen der digitalen Welt vorziehen würden.

Dass sich damit das Wissen und der Umgang mit Wissen deutlich verändert, soll hier nicht diskutiert werden.

Der Raum der Spazierklänge ist ein Gegenentwurf. Und das gerade in der Hochphase des Digitalen, die von den Lockdowns befördert wurde.

Daher haben wir unzeitgemäße Spaziergänge unternommen, die weder ein Ziel hatten noch einen festgelegten Zeitrahmen. Spaziergänge gerade auch in der Pandemie-Zeit sind nicht sonderlich innovativ, aber das sollten sie auch nicht sein, sondern sie sollten uns eine Möglichkeit bieten. Die Spaziergänge sind leise, langsam, man ist nicht abgeschottet, sie bedürfen des Körpereinsatzes.

Zu unserem Alltag stellten sie ferner einen Perspektivwechsel dar.

Es war, als schalteten wir alles aus, aber vor allem schalteten wir ein routiniertes, getimtes Leben aus. Die Pandemie konnte uns da eine gute Vorlage liefern, indem unsere eigentlichen Kalender extrem ausgedünnt waren, aber auch anderes war stillgelegt, wie der Luftverkehr, Arbeitsverkehr zum Beispiel (Auch im besten akustischen Wortsinne.).

Unser Weg zu den Spaziergängen haben wir mit dem Auto oder mit dem Fahrrad bestritten. Dies diente dazu, unseren Radius zu erweitern. Wir wollten an Orte gehen, die wir möglichst nicht kannten. Uns begleitete allerdings ein ungutes Gefühl dabei, das dadurch geschaffen wurde, dass wir sowohl Fahrrad als auch Auto nur als Mittel benutzt haben und dadurch, dass wir vor allem das Auto für falsch halten. Das Verkehrsmittel ist immer politisch, wirtschaftlich und ökologisch. Der bestehende Verkehr (der zu dieser Zeit wie gesagt deutlich ausgedünnt war) bestimmt immer auch das eigene Vorwärtskommen. Die bereitgestellte Infrastruktur ist eine Vorauswahl für mögliche Bewegungen. Dabei weist sie den verschiedenen Teilnehmer*innen einen Ort zu, weist ihnen Zeiten zu, ordnet sie sogar in Form einer Präferenzliste. Es ist genau diese Präferenzliste, die zu dem aggressiven Verhalten im öffentlichen Verkehr führt, indem sich einzelne Teilnehmer*innen direkt subordiniert fühlen und somit einer grundlegenden gewaltvollen Feindlichkeit ausgesetzt sehen. Dagegen gibt es Trotz-Äußerungen oder Reaktionen der Gegenwehr. Die bevorzugte Verkehrs-Teilnehmer*in nimmt ebenso die Rolle an und füllt diese zugleich auch emotional auf. Das merkt man auch und im Besonderen bei dem Ärger über Geschwindigkeitsbegrenzungen oder anderer wahrgenommenen Beschränkungen, wie die Sperrung von Verkehrswegen, aber auch die Erhöhung der Preise für die Nutzung. Die Konstruktion der Autos hingegen suggeriert eine Freiheit, die es de facto nicht gibt. Ihre Motoren sind zu stark, ihre Unverletzlichkeit eine Illusion. Der SUV ist Hochmut. So wird aus einer Infrastruktur eine soziale Ordnung.

Die erste Wahl – sofern man diese Wahl wirklich hat -, die man bei der sozialen Teilnahme trifft, ist also die der Einordnung in diese Hierarchie. Das ist genau der Grund dafür, dass sich mit den Verkehrsmitteln identifiziert wird. Man ist halt Fahrradfahrer*in, Autofahrer*in et cetera. Die Potenz eines großen Autos scheint ebenso wie die Sportlichkeit oder City-Tauglichkeit des Fahrrades direkt auf die Fahrer*in überzugehen. Ferner wird weitestgehend angenommen, dass die Wahl freiwillig ist.

Neben der sozialen Komponente entscheidet die Wahl des Verkehrsmittels auch über das erreichbare Tempo, den Bewegungsradius, über besondere weitere Umstände (zum Beispiel inwiefern man dem Klima ausgesetzt ist, welcher Geräuschkulisse man ausgesetzt ist), Begleiterscheinungen (Anstrengung, Sauberkeit) aber auch über die möglichen Wege, die befahren beziehungsweise begangen werden können.

Die begrenzten Möglichkeiten, bestimmte Wege zu nehmen, merkt man besonders im Auto. Das Auto suggeriert Freiheit, die aber in Regularien erstarrt. Man könnte sagen, dass sich zu viele die Freiheit genommen haben, weswegen man die Freiheiten kanalisieren und aufhalten muss. Infolgedessen wird dem Auto zu jeder Zeit vorgeschrieben, auf welchen Wegen oder Straßen man sich damit aufhalten darf und auf welchen nicht. Es wird einem gesagt, in welche Richtung und wie schnell man fahren darf. Das führt im Besonderen beim Auto zu einer Zerreißprobe. Die Möglichkeiten, die eine Autofahrer*in spürt (gefördert durch Werbung, Filme, aber speziell durch die Ausstattung des Gefährts), können zu nahezu keiner Zeit ausgelebt werden. Diese Grenzen werden mithin unentwegt hinterfragt. Daher wehrt man sich in Deutschland so sehr gegen ein Tempo-Limit. Denn obschon die Autobahnen zumeist so voll sind, dass ein schnelleres Fahren neben den wirtschaftlichen und ökologischen Argumenten nicht sein ganzes Potenzial erreichen kann, wird diese sogenannte Freiheit wiederholt proklamiert. (Gerade in Köln merkt man das, wo ein entspanntes Dahinfahren nicht möglich ist, weil die Ampelschaltungen unfassbar schlecht aufeinander abgestimmt sind, jede zweite Straße eine Einbahnstraße ist. Köln ist eine Stadt, in der keinem der Verkehrsmittel die Präferenz zugestanden werden sollte, weshalb am Ende alle leiden.) Ein Ventil bieten entsprechende Sportarten. Somit wird das Verkehrsmittel zur Message (McLuhan). Daher unser Umdenken, daher die Spazierklänge.

Wir haben uns also aus genannten Gründen oft mit dem Auto angenähert. Und dann viel zu Fuß. Die Fuß- und Fahrradwege waren nicht geplant. Wir haben uns treiben lassen. Den öffentlichen Verkehr haben wir nicht genutzt. Mit dem Fahrrad oder zu Fuß ist man fröhlich frei. Dabei mussten wir nicht einmal ins Unterholz kriechen, sondern konnten uns vornehmlich auf gestalteten Wegen halten. Diese beiden Arten sind nicht so sehr getrieben wie das Autofahren oder von Fahrplänen durchwirkt wie die öffentlichen Verkehrsmittel. Und beides aber gerade das Laufen – besser: gehen - ist wundervoll langsam.

Damit hatten unsere Wege etwas Stilles, Bedächtiges, aber in gewisser Weise auch Künstliches. Ihnen war aber auch die Vergänglichkeit eingeschrieben. Holger mehr als mir war bewusst, dass unser Projekt im Besonderen durch den durch die Pandemie erzwungenen Lockdown vorangetrieben oder befördert worden ist. Wir nutzten genau die nun geschaffene Lücke und schämten uns auch ein bisschen dafür, dieser Einwirkung von außen bedurft zu haben. Auf der anderen Seite benötigten wir diese Plattform. Beide sind wir uns auch sicher, dass diese Zeit uns verändert zurückgelassen hat.

Wie wir später bitter feststellen konnten, war das Ende des (ersten) Lockdowns auch das Ende der Spazierklänge in ihrer Reinform. Aber wir können mit Stolz sagen, dass dies nur die Spazierklänge in ihrer praktischen Form betrifft. Denn sie hallen immer noch in uns nach. Wir schreiben jetzt anders, bewegen uns anders, unsere Ideen werden noch immer von diesen Eindrücken getragen und inspiriert. Unsere Freundschaft ist eine andere, obschon wir seitdem ganz andere Wege gegangen sind uns auch nur sehr wenig gesehen haben. Nachdem der erste Lockdown ein Ende nahm, strudelten die Ereignisse und Erlebnisse, Termine, Arbeit und Alltag uns aus diesem besonderen Bewusstseinszustand heraus. Nie zuvor habe ich die Klebrigkeit unserer Alltagsordnung, die durch unsere Wirtschaftsordnung festgelegt ist, mit dieser Intensität gespürt. Ich habe kein Problem mit Alltag. Ich mag Rituale, ich mag auch Gleichförmigkeit. Aber nun spürte ich mich eingewoben in ein Netz, das alles in sich zu schließen vermag. Wie Schlingen legt es sich um alles, kriecht in die kleinsten Lücken und reißt diese an sich.

Nebenbei bemerkt, macht es auch alles zu Geld. Wie ich in vielen Gesprächen mit meinen Freund*innen gelernt habe, ist Geld nichts anderes als Schulden. Vielleicht spürten wir genau die Aufhebung dieser Schuld, als wir trollend und spielend durch die Wälder streiften.

Müßiggang kann in diesem System keine Lebensform sein, sondern ist nur die Unterbrechung des Schaffens. Müßiggang ist so subversiv wie Langsamkeit. Als Müßiggänger*in taugt man nichts. Man ist nicht produktiv (www.dwds.de: entlehnt aus lat. prōdūcere (prōductum) ‚vorwärtsführen, (weiter) vorführen, ausdehnen, verlängern', kirchenlat. (in der biblischen Schöpfungsgeschichte) ‚hervorbringen, erzeugen'; vgl. lat. dūcere ‚ziehen, führen'). Was wir machten, war vergänglich im markttheoretischen Begriff. Obschon wir einen Drang zum Festhalten hatten. So nahmen wir Videos auf, Fotos, sprachen über die weitere Verwendung. Außerdem schreiben wir dieses Buch.

Müßiggang hat Raum. Müßiggang ist in Raum. Ohne Raum ist es Konsumption. Den Raum des Müßiggangs haben wir uns mit den Spazierklängen geschaffen.

Im Nachklang der Spazierklänge haben Holger und ich versucht, den Raum zu erhalten. Ich will mich wiederholen: Die Transportmittel sind immer politisch, wirtschaftlich, ökologisch und anthropologisch. Unsere Spazierklänge zeigen die Möglichkeit der Kultur- und Kunstschaffung, die frei ist von wirtschaftlicher Durchwirkung. Und im Echo zu unseren Spazierklängen versucht Holger weiterhin, Kunst zu schaffen, die nicht zum Produkt wird. Bezahlformen werden ausgelotet wie auch Bühnenstrukturen und das Verhältnis von Produzent*innen und Rezipient*innen. Der Raum steht in einem engen reziproken Verhältnis zu seinen Performances. An anderen Stellen haben wir schon davon berichtet. Ferner versucht er die Elektronik aus seinen Performances zu entfernen, womit sie auch durch die Benutzung nachhaltigen Materials bzw. ohne Zufügung von Material ökologischer werden. Sein bislang „radikalster" Auftritt trug den Namen „our analogue me", bei welchem keine digitalen Medien erlaubt waren und auf Elektrizität insgesamt verzichtet wurde.

Die Wege, die er sonst geht, entsprechen diesem. In all seinen Reisen versucht er den Raum in seiner Vieldimensionalität zu verstehen. Seine Reisen werden realer, langsamer, nachhaltiger, nachdenklicher, voller, unter größerem Einsatz. Sein Gepäck ist extrem ausgedünnt. Und so ist das auch mit seinen Musikalien. Seine Residenzen in Istanbul, Kosovo wie auch Aufenthalte in Griechenland, Bulgarien und später in Südafrika stehen unter diesem Vorzeichen.

Ich persönlich gehe einen anderen Weg. Allerdings ist meine Lebensführung auch nicht derart direkt ins Künstlerische eingewirkt. Reisen außerdem spielt immer weniger eine Rolle. Was Mercè, meine Frau, und ich machen, sind Kurztrips in der Umgebung. Nun, da wir nach Tarragona umgezogen sind, erkunden wir die Nähe. Während gerade sie vorher auch große Reisedistanzen hinter sich gebracht hat, ist es nun unser Anliegen, die Stadt zu erforschen und ihre Umgebung. Die Infrastruktur ist hier allerdings auf Privatverkehr ausgerichtet, was die Bewegung ohne Auto bisweilen sehr schwierig macht.

In der Stadt also versuchen wir langsam zu sein. Dennoch ist es unser Anliegen, ihre Möglichkeiten, ihren Vibe auszuloten. Wir bewegen uns viel. Dabei ist unsere Intention den Raum zu verstehen. Die Stadt auch als einheitlichen Korpus wahrzunehmen. Es wäre super, alle Möglichkeiten des Raumes erfahren zu können. Das ist aber nur schwierig im Alltag möglich, wenn man sich nicht die „Freizeit" dazu schafft. Nehmen wir aber zum Beispiel meine Angewohnheit, immer mit einem Tennisball durch die Stadt zu gehen, wenn ich allein bin. Ich prelle und knete den Ball. Und es gibt auf meinem Weg zur Arbeit eine wundervolle Stelle, an der es warm und rund klingt. Es ist toll, dorthin zu kommen. Eigentlich wollte ich den Ton ausgiebig beschreiben. Aber dann dachte ich, ich kann ja jederzeit dahin zurückkehren. Außerdem erhält er seine Magie daraus, dass er nicht immer verfügbar ist. Mein Prellen zeigt mir, dass das Gehen auf der Straße eine Form von Partitur schreibt.

Mehr und mehr verstehe ich, warum Straßen als Adern verstanden werden. Das liegt nicht nur an den Fotos, den wir von ihnen haben, die anatomischen Bildern von Körpern gleichen. Sie sind Lebensort. Das Gehen enthüllt ihren Raumcharakter. Das Gehen deckt auch ihre räumlichen Defizite deutlich auf. Man kann sie dann als Nicht-Orte im Sinne Marc Augés bezeichnen. Das Gehen entblößt die Aggression der maschinisierten Straßennutzung. Trotz dessen versuche ich, langsam zu sein, gehe also fast immer zu Fuß und bin daher auch sehr glücklich über meinen neuen Wohnort, der mir das möglich macht. Nur so kann ich die Stadt für mich als Raum verstehen. Für mich soll der Radius im Gegensatz zu Holger, klein sein. Ich versuche, den Raum besser ausloten zu lernen, daher verzichte ich, wenn möglich, auf das Autofahren. Fliegen möchte ich ausschließen, da auch das zu einer Virtualisierung des Raumes führt. Das bezieht sich natürlich auch auf die Versorgungswege. Die Versorgung soll auch den Raum begreifen. Sie soll wirklich sozial sein. Dafür muss ein Kontakt bestehen: zu den Menschen, zu den Produkten, zum Verkehrswesen. Bestellungen über Internet, große Handelsketten, weit entfernte Handlungsrouten, die maschinisiert überbrückt werden, zerlegen den Raum. Der erste Schritt zur Enträumlichung des Versorgungsraumes war die Einführung des Geldes. Das Produkt, das die Konsument*in in den Händen hält, ist abgelöst von dem Prozess ihrer Schaffung, ihrem Herstellungsort und ihrer Produktionsweise. Die Materialien, aus denen das Produkt gemacht ist, sind enträumlicht. Hersteller*innen und Konsument*innen sind distanziert. Damit ist das Produkt nicht spürbar. Wir können das ganze Geflecht des Produktes nicht wahrnehmen, sind ihm entfremdet: Seinen Weg, seinen Schweiß, seinen Aufwand. Nur so kann man verstehen, dass Grausamkeit Teil der Wirtschaftskette sein kann.

Nachhaltigkeit, Umweltschutz, Veganismus, supply chains im Gegensatz dazu wollen den Raum spürbar und somit auch verstehbar machen. Nun verbindet man sich. Hier zeigt sich die Pandemie als Aufspürinstrument für strukturelle Schwierigkeiten. Mit den Beschlüssen zum globalen Lockdown waren auf einmal vielstufige und weite Lieferketten unterbrochen. Just-in-time-Geschäfte konnten nicht mehr abgewickelt werden. Die Abhängigkeit für gewisse Produkte von einzelnen Bezugsquellen wurde offensichtlich. Ortsübergreifende Geschäfte mussten umstrukturiert werden, Meeting-strukturen verändert werden. Mit Distanz-Meetings wie auch Distanz(aus)bildung wurde die bestehende Ortsgestaltung offenbar, die gleichsam in einer sozialen Spaltung besteht. Räume minimieren die Möglichkeiten für Spaltungen, Grausamkeiten und Diskriminierung, weil Räume keine Entfernung zulassen.

Digitale Netzwerke hingegen können keine Räume schaffen. Sie lassen keine wirkliche Verortung zu und entfremden uns. Sie bilden lediglich Knotenpunkte, die uns fern sind. Und sie unterstehen dem Geldaustausch. Bedenkt man, dass auch das Geld digitalisiert und damit von sich selbst entfremdet ist, wird der Enträumlichung noch eine weitere Entfremdung hinzugefügt. Ferner wird damit die Realität, die virtuell umgedeutet ist, gamifiziert.

Unser Ich

Man ist / ich bin auf mich selbst zurückgeworfen. Kann man auch auf uns zurückgeworfen sein?

Ich bin im wir auf mich zurückgeworfen (Siehe: „our analogue me"). Gerade das freut mich und es strengt an. Dabei sind wir zu zweit und ich freue mich, dass Holger mich nicht nur zu diesem Projekt gebracht hat, sondern auch dass er da ist. Unsere Zeit ist intensiv. Spielen wir nicht, sprechen wir über das, was wir spielen, gespielt haben oder diskutieren. Selbst die Stille zwischen uns ist angefüllt. Kein Thema ist abgeschmackt und immer habe ich das Gefühl, es geht um den Kern der Sache. Was ist Liebe? Was muss sich ändern? Was ist „Zu-sich-stehen"? Was ist Sprache? Rhythmus? Musik? Was ist mit dieser Zeit?

Gestern (18.05.2020) ging es auch um Selbstmord, um Verantwortung, ums Loslassen und Festhalten. Vielleicht ging es auch um das Akzeptieren. Holger sprach über eine Jugenderfahrung, die bis heute in ihm nachhallt. Sie macht ihm sichtlich zu schaffen. Können einzelne Erfahrungen unseren Lebenszugang verändern, erneuern? Oder sind sie nur ein Hinterfragen?

Was erzeugt in Holger dieses Unwohlsein gegenüber einem Ereignis, das 25 Jahre her ist? Es war gar nicht sein Selbstmord. Am Ende gab es nicht einmal einen Versuch. Es ist doch eher das Auf-sich-zurückgeworfen-sein.

Warum ist dieses Erlebnis Holger zugestoßen? Die Antwort muss unbefriedigend bleiben. Alles, was damals passiert ist, lässt sich auf die verständnisvolle wie auch empathische Art von Holger zurückführen. Er brachte alles mit, um ihm die zum Tode führenden Schmerzen anzuvertrauen, ihn damit zu konfrontieren. Vielleicht spiegelte sich hier auch die Prädisposition Holgers wider, selbst dem Selbstmord nahe zu sein. Diesen Gedanken hat er erst 20 Jahre später.

Er erinnert sich nicht an die Prädisposition, es wird ihm quasi aufgedeckt, in ihm entdeckt. Er selbst entdeckt es. Eine Form der Autoaggression, die sich auch in einem Selbstmord entladen könnte. Holger hat oft etwas Melancholisches an sich, manchmal trägt er auch Traurigkeit. Dennoch strahlt aus ihm ein Lebens- und Gestaltungswille. Er möchte aufbrechen, schaffen. Er sagt über sich selbst, er habe Visionen. Das ist lebensbejahend.

Die ehemalige Suizidgefahr, der Holger mittelbar ausgeliefert war, ist nun gebannt, wenn auch nicht aus der Welt. Sie lebt in Holger weiter. Sie lebt weiter nicht als virulente Gefahr, sondern als ein Stempel, der den Weltzugang siegelt. Er macht sich Sorgen. Jede Abweichung von einer schmalen Normalität wird für ihn zu einem Warnsignal. So hat ihn dieses Erlebnis (Ich merke, dass ich mich an die Details gar nicht mehr erinnern kann, obwohl Holger sie mir mehrfach genannt hat, merke aber auch, dass dies nichts zur Sache beiträgt.) gebunden. Wie kann man das loswerden? Soll man das loswerden?

Intermezzo – Dieses Thema kommt an einem Tag auf, da wir meines Erachtens am fröhlichsten und schnellsten sind, auf einer riesigen grünen Wiese im strahlendsten Sonnenschein. Die Blüten regnen lustig auf uns herab.

Mein erster Impuls ist, Holger darin zu bestärken, diesen Warnsignalen nachzugehen, aber sie auch zu bewahren. Ich merkte, dass ich überfordert bin, ich konnte ihn nicht recht auffangen, machte einen dummen Scherz.

Meine Energie entlädt sich erst kurze Zeit später mit Holgers Luftsticks. Auf der wunderschönen Wiese des Forstbotanischen Gartens bringe ich mit den langen flexiblen Stöcken die Luft zum Schwingen. Ich erinnere mich an Nunchaku-Bewegungen, die ich mal laienhaft gelernt hatte. Das gibt den Sticks eine dynamische, rotierende und auch runde Bewegung. Ich erschöpfe mich schnell.

Mir verschafft das Ruhe im Kopf. Durch die Länge der Sticks wird man in große Bahnen „gezwungen". Meine Bewegungen, so will ich das und spüre das, sollen die Leichtigkeit des Tages aber auch die Tiefe und Schwere unseres Themas, die Aggression auffangen.

Holger benutzt die Sticks auch. Er lässt sie nicht nur durch die Luft sausen, sondern wirft Staub auf, fegt sie durch den Rasen. Die Bilder, die er erzeugt, sind toll, dynamisch und gleichzeitig ruhig und ephemer. Die Luftsticks lassen einen leicht die Umgebung vergessen, sie verlangen Aufmerksamkeit. An einer anderen Stelle scheinen sie fast wie sanfte Sensen zu sein, die nichts schneiden, aber doch die Ähren streifen. Sie sind leicht bedrohlich.

Später oder früher, in Nörvenich, werden sie eine entscheidende Rolle spielen. Für mich wird der Freundesbezug zu einem anderen Zeitpunkt besonders virulent, aufreizend und stark.

Wir sitzen beide, leicht außer Atem, etwas erschöpft im Schatten eines flachen Baumes. Das Nachschwingen wird zu einem immer größeren Eindruck.

Was Holger meines Erachtens spürt, ist das „Sorgen-um", „Sorgen-für", aber auch das Endgültige. Einhergehend mit einem tiefen Gefühl, dass der Tod immer der eigene (Je-Meinigkeit) ist. Die Kraft, mit der jemand dieses Eigene in die Hand nimmt und definiert, macht den Anderen ohnmächtig. Und ich tauche sofort ein in die Gedankenwelt von Heidegger, Sartre, Camus. Sie bietet mir einen Schutzraum. Ich entkomme nicht den Gedanken. Auch ich habe schon viel mit Selbstmord und Freitoden von Freund*innen und Verwandten zu tun gehabt. Das Thema rückt durch die Referenzen der Philosoph*innen eher näher, wird wirkungsstärker. Der Schutzraum wird durch den Erklärungsversuch geschaffen.

Die Stärke des Existenzialismus (Darin sind unscharf alle drei Philosophen eingeschlossen. Ich habe immer gewaltigen Respekt vor den -ismen. Sie sind immer zu stark und dann doch nie zutreffend.)

liegt in seinem Zugang zum Tod. So gewinnt der Mensch seine Besonderheit und seine Seinsart nach Heidegger gerade in der Akzeptanz und dem Bewusstsein zum Tod. Dieser ist in jedem Fall einzigartig, individuell. Bei Camus ist es die Ablehnung des Todes, die allem voran geht. So ist das Leben immer aufgespannt zwischen der existenziellen Kraft des Todes und der Abkehr von diesem. Daher hat der Selbstmord etwas grundsätzlich Menschliches in dem Akt, da er dieses negiert bzw. in einem definitiven Moment auflöst. Im Tod ist das Ich nicht mehr, das Menschliche verschwindet im fleischlichen Zerfall. In dieser Paradoxie ist die verstehende Hinterbliebene gefangen. Deswegen fragt diese nach Motiven für den Freitod. Aber ein Motiv entspricht einer Lebensbejahung. Der Freitod ist jedoch genau seine Verneinung. Die eigentliche Begründung, die jemanden dazu bringt, sich zu töten, zieht das Nichtmenschliche ins Leben.

Holger ist in gewisserweise der Hinterbliebene. Aber hier fast noch schlimmer. Die Haltung des „Nichtverstehens" wird hier gesteigert durch das weitere Leben dessen, der sterben wollte.

Unser Tag war extrem energiegeladen. Bei mir brach sich dies durch ein unentwegtes Trommeln bahn. Meine Hände standen nicht still. Ich spielte mit den Blättern der uns umgebenden Bäume, mit Sticks auf der Bank oder mit den Luftsticks. Ich versuchte Lautstärken wie auch unterschiedliche Texturen aus.

Holger hingegen wurde ruhiger, stiller. Er „arbeitete" nur an seinen Luftsticks. Er wollte sie gerade biegen. Durch das Tragen im Rucksack waren sie nun abgerundet. Nur wenn sie gerade seien, könne man damit ordentlich spielen.

Wir kamen darauf, dass Wind selbst kein Geräusch macht. Es sind die Widerstände, auf die er trifft, die durch ihr Schwingen das Geräusch hervorrufen. (Darüber hatte Holger mit dem benannten Freund ausführlich gesprochen. Dieser hatte ihn schon darauf hingewiesen.). Dann aber trägt die Luft den Schall. Ihre Beschaffenheit bestimmt auch dessen Ausdehnungsverhalten.

Die Luftsticks machen grundsätzlich ein leichtes Klickern, wenn man sie bewegt. Dabei stoßen die einzelnen Kunststoff-„Borsten" aneinander, die nahezu 90 cm messen. Ich versuchte, dies zu verhindern, ich wollte einen reinen Zwisch-Laut erzeugen, konnte aber keine Technik dafür ausmachen. Irgendwie kann man das Klickern minimieren, wenn man die Bewegung auslaufen lässt. Aber das war auch zu ungenau. Jetzt, wo ich dies hier schreibe, fällt mir ein, dass man wahrscheinlich Erfolg hätte, wenn man sich mit einer bestimmten Geschwindigkeit im Kreis drehen würde, also die Bewegung gar nicht beendet. Dies würde (aber) zu einer sehr einseitigen Benutzung führen. Es ist dann eine kreisförmige, konstante Bewegung und Geschwindigkeit, ein Flow…

An diesem Tag versuchte ich mich zum ersten Mal an ihnen. Es bedarf viel Energie und Koordination, um mit ihnen umzugehen und einige Bewegungen fielen mir deutlich leichter, wenn ich sie einarmig ausführte. Als mir Holger sein Video schickte, auf dem er beim Luftwaffenstützpunkt Nörvenich die Luftsticks verwendet hat, erinnerte es mich an Bewegungen aus den Martial Arts. Ich habe keinen großen Fundus an solchen Bewegungen, aber ich versuchte mich wie gesagt an Routinen, die ich vom Nunchacku kenne. Sie sind sehr energetisch, explosiv aber gleichsam flüssig. Somit erlauben sie es ungestoppte Rundungen zu fahren. Mir gefiel es, dass damit ein gleichmäßiges Sirren in der Luft steht. Dabei ist auch der ganze Körper in Bewegung und gibt sich dieser Bewegung hin. Dies natürlich noch gesteigert, sollte man beide Arme benutzen.

Holger hingegen warf sie weit ausholend um seinen Körper, was das schneidende Geräusch exponiert. Die Bilder, die damit entstehen, sind fabelhaft. Bei ihm wird das Spiel tänzerisch. Irgendwie spielen auch die Zehen und das Auge ergänzt die Klänge und Rhythmen.

Dabei ist es schön, dass Holger kein Tänzer ist. Damit behalten seine Bewegungen etwas Ungeschliffenes, während Tänzer doch bisweilen sich zu artifiziell technisch bewegen.

Und dann später spielt er mit natürlichen Luftsticks. Es waren zwei Äste, ein längerer und ein kürzerer, an denen noch trockenes Laub hing. Wie wundervoll die Blätter von ihnen wegsprangen, als er sie durch die Luft wirbelte. Es kam wie eine neue Dimension hinzu und macht die Bewegung noch voller und sichtbarer. Den Ästen war somit auch das Ende der Performance auf natürliche Weise eingeschrieben. So flogen und stäubten die Blätter, ein volles, trockenes Geraschel entstand. Dann nahm Holger die Blätter einzeln in die Hand, zerdrückte, zerbröselte sie. Dieser Ort würde nie wieder so klingen wie vorher. Einmaliger kann eine Performance kaum sein. Also wurden die Luftsticks zum tragenden Element dieses Tages. Später kamen sie noch im höheren Gras und an einem Papierkorb zum Einsatz.

Unterliegend unter diesem heutigen Tag ist aber auch der brummende oder flirrende Sound der angrenzenden Straßen. Er dringt störend in diese Gegend, wirkt gehetzt, nah und viel zu laut. Unter allen unseren Stücken liegt also ein bedrohlicher Bodensatz, den wir nur selten zu vergessen verstehen.

Dann gehen wir nach Hause. Jeder für sich.

Zuhören

„Ich will immer warnen und wehren: Bleibt fern.
Die Dinge singen hör ich so gern.
Ihr rührt sie an: sie sind starr und stumm.
Ihr bringt mir alle die Dinge um."

Rilke warnt uns davor, mit dem Definieren den Dingen eine unbewegliche Hülle überzuwerfen (Siehe auch Robert D. Laing: Phänomenologie der Erfahrung). So warnt er auch vor der Philosophie und auch vor der Ethik.

Auf die Ethik als direkte Handlungsaufforderung möchte ich mich im Folgenden besonders beziehen und möchte Rilkes Warnung ernst nehmen.

Die Ethik redet. Und redet. Die Ethik redet so viel, zu viel. Die Ethiker meinen damit, festzulegen und zu klären, dabei verschleiern sie. Sie verschleiern (Nicht im besseren Sinne, wie Rawls dies meinte.) ihr eigentliches Sujet: Der/die Andere. Im Grunde sind sie höchst selbstreferentiell, nicht unbedingt in ihrer Auslegung, schon aber im Hinblick auf ihre Autorenschaft.

Die Breite ihrer Bücher (Und ihr Output ist enorm.) speist sich aus ihrem sogenannten Wissen um die Komplexität der weltlichen Begegnungen. Sie gehen scheinbar dialogisch vor, doch schon Platons Dialoge waren Scheinauseinandersetzungen. Sie wären ein wunderbares Beispiel ethischer Forschung, wenn sie Raum und Leerstellen im wahrsten Sinne ließen. Literaturwissenschaftlich und logisch lassen sich diese natürlich auffinden, doch ethisch nicht. Die ethische Leerstelle muss das Zuhören sein.

Die Theoretiker reden, aber sie hören nicht zu. Bisweilen hören sie, das will ich nicht in Abrede stellen. Sie hören an, nicht zu. Aber das Zuhören geht einen gewichtigen Schritt darüber hinaus: Es ist der

Versuch der Unvoreingenommenheit. Ernst nehmen! Es ist im positiven Sinne die Haltung der Demut. Die wahre Interaktion muss allerdings auf dem Zuhören basieren, muss dieses in sich schließen, auf ihm aufbauen und bei ihm anlangen. Natürlich muss dafür die Sprache geschärft werden, doch nicht im Monologisieren. Die Sprache bedarf vielmehr einer Tiefe, die das ganze Gerede nivelliert. Nur durch eine ausdifferenzierte Sprache kann eine Begegnung ihrem kaleidoskopischen Charakter gerecht werden. Aber der erste Schritt muss immer das Schweigen sein, aber das richtige Schweigen. In ihm muss es eine Stille geben, die zuhören im umfassendsten Wortsinn zulässt (Siehe John Cage: Silence). „Ich bin ganz Ohr", müsste heißen: „Mein Ohr ist ganz bei dir." Nur dann kann ich das Ich aus dem ethischen Diskurs herausnehmen und der Andere beginnt vor mir aufzutauchen, wie ein vielfarbiger Schmetterling (Before I sink into that big sleep, I want to hear the scream of the butterfly; The Doors). Natürlich benutze ich hier das Ohr als pars pro toto eines höchstkomplexen Rezeptionsapparates.

Es kann für mich nur einen ethischen Weg geben: Zuhören. Lyrischer ausgedrückt: Lauschen. (Volker Kühl: Palimpsest) Und während ich das hier schreibe, ist es mir schon peinlich, dass ich überhaupt schreibe. (Mir fällt mit einem Augenzwinkern Brechts Schilderung zur Entstehung des Taoteking ein, also schreibe ich weiter.)

Das Zuhören – hier also die zurückhaltende von sich selbst abgerückte, die das Ich verhindernde Lust (Roland Barthes: Die Lust am Text) zum Verstehen des Anderen – ist zunächst keine Tätigkeit und ist somit zugleich eine reichhaltige Handlung. Unsere Begegnungen müssen somit zunächst durch Untätigkeit gezeichnet sein. Das Zuhören ist ganz dem Anderen gewidmet. Es muss ganz im Verstehenwollen in all seiner emotionalen, sensitiven, logischen Breite aufgehen. Daher ist ihm das Fragen eingeschrieben. Aber das Fragen im Sinne des Zuhörens ist ein Zurückhaltendes, nichts

Evozierendes, nichts Vorwegnehmendes. Das Fragen, das wir erleben, ist zumeist eines, das auf eine vorhersagbare Interpretation hinausläuft. Es ist somit eine Technik, die das Ich ins Spiel bringt. (Siehe Sartres Beschäftigung mit dem Fragen.)

Zuhören ist langsam. Zuhören ist mutig. Aber vor allem ist es still. Es ist raumgreifend still (Siehe: Volker Kühl: Stille; hier wird eine aggressive Stille vorgestellt, die Stille als Macht- und Verschleierungs-instrument; die Stille kann auch ein nicht endender Redefluss sein.).

Auch das Fragen muss mithin die Form der Stille annehmen, da es nur das Zuhören möglich machen soll.

Die Frage der Ethik ist bislang: Was soll ich/ sollen wir/ soll man tun? Und ich sage: Nichts. Tu nichts. Dies ist in dem Gequassel unseres heutigen Alltags fast unvorstellbar (Siehe Byung-Chul Hans Werke zu den Folgen der Digitalisierung). Es ist keine erleidende Ethik, es ist keine ignorante Ethik, sondern sie gestaltet sich als wertschätzende Wahrnehmung. Sie schätzt sowohl die involvierten Personen als auch den Rahmen, die Umwelt etc. Sie ist im wahrsten Sinne „Ernstnehmen". Obwohl die Ethik dann erst ihre humorige Seite entdecken kann.

Mindestens zwei Kritikpunkte werden vorgebracht werden (Vielleicht auch drei…): Die Ethik des Zuhörens, so wird gesagt werden, lässt mich erstarren im Hinblick auf die Situation, die ein Eingreifen erfordert, sie ist zu langsam. Wir können dann nicht zuhören. Das stimmt, aber diese Kritik bezieht sich eher auf die Moral und entblößt eine Situation, in der zuvor nicht ergiebig zugehört wurde.

Bei dieser Kritik werden dann zumeist Rettungsszenarien zitiert: Zwei Badende ertrinken, man kann nur einen retten (gegen Kant vorgebracht); man könne eine Weiche so umstellen, dass ein unstoppbarer Waggon entweder eine Menschenmenge tötet oder eine andere (für den Utilitarismus entworfen); ein Flugzeug wurde gekidnappt (Hier wird sowohl der deontologischen als auch der teleologischen Ethik ihre Planlosigkeit vorgeworfen.). (Siehe Martin Cohen: 99 moralische Zwickmühlen. Dann kann man sehen, wie reduziert meine Auswahl hier ist.)

Es ist ein Mythos, dass andere Ethiken diese Fälle lösen können. Man stellt mit ihnen nur zufrieden. Ein Dilemma kann per se nicht gelöst werden.

Das Problem bei diesen Dilemmata ist zumeist, dass sie keine wirklichen ethischen Probleme lösen, sondern nur Menschenleben gegeneinander aufwiegen wollen. Diese Dilemmata sind nur dahingehend lösbar, dass man sagen muss: Tu irgendetwas, um jemanden (am besten alle) zu retten. Menschen und deren Leben sind nicht gegeneinander abwägbar. Ich möchte sogar inständig sagen, dass dies für alle bewussten Lebewesen gilt. Rette eine der Badenden; versuche den Waggon zu stoppen; versuch die Flugzeugentführer*innen in größtmöglicher Bewahrung ihrer Menschlichkeit zu stoppen beziehungsweise versuch die Involvierten schadfrei aus der Situation zu befreien.

Ich kann nur sagen, hätte man die Chance, den Teilnehmenden zuzuhören, fände man eine Lösung. Aber wahrscheinlich hätte man zuvor zuhören müssen. Diese Situationen entstehen gerade dadurch, dass vorab nicht zugehört wurde.

Die zweite Kritik zielt darauf ab (Aggressiver Sprachgebrauch ist der Kritik häufig immanent.), dass man nicht immer die Mittel habe, zuzuhören. Das stimmt vielleicht. Aber die Antwort darauf ist einfach: Dann muss auch mein Handeln schweigen. Wir müssen nicht immer etwas tun. Das ist eine eingepaukte Suggestion, die oft zu sinnentleertem Aktionismus führt. Man muss hierbei auch bedenken, dass diese Kritik zumeist von stark konservativen Kräften hervorgebracht wird.

194

Nehmen wir Lebewesen, deren Sprache wir nicht mächtig sind. Auch denen kann man zuhören. Sollte dies unmöglich sein, so sage ich: Lass sie in Ruhe (Am besten entfernst du dich sogar, um ihnen ihren unangetasteten Raum zu lassen. Sie haben nicht versagt, sondern du. Siehe Hilal Sezgin: Artgerecht ist nur die Freiheit). Dass kein bewusstes Wesen gern in einer Falle steckt, die ihm zum Beispiel die Tatzen zermatscht, kann man wohl auch ohne eine gemeinsame Sprache verstehen. Die biologische Wissenschaft kann uns dann dabei helfen, uns der Sprache anderer bewusster Wesen anzunähern. So führt uns die zweite Kritik dazu, zu akzeptieren, dass wir nicht immer handeln müssen, um ethisch gut zu sein, sondern eben gerade nicht zu handeln das Richtige ist.

Sollte eine Person (im Singerschen Sinne; Siehe Peter Singer: praktische Ethik) die Sprachfähigkeit verloren haben und man weiß nun nicht, was man tun soll, so hat man vorab nicht zugehört.

Für Personen ohne Sprachfähigkeit (Sprache soll bitte im allerweitesten Sinne gesehen werden.) gibt es keine Lösung. Aber die anderen Ethiken lügen, wenn sie dafür Lösungen vorschlagen. An der Stelle bleibt nur, Glaubenssätzen zu folgen, die uns daran erinnern, dass auch dies eine Person ist.

Der schwierigste Fall ist wahrscheinlich die Abtreibung. Aber auch hier gibt es ja Personen, denen man zuhören kann. Das sollte man dann auch tun. Die lauteste und intensivste Stimme hat dabei gewiss die Mutter.

In jedem dieser Fälle muss von dem Zuhörer gefordert werden, dass er seine Fähigkeit, zuzuhören, fördert. Man kann auch einer Masse zuhören, oder einer ganzen Nation, man darf nur nicht fest sein.

Die Ethik des Zuhörens ist keine Vorgabe zur Zurückhaltung, sondern die Forderung danach, Plattformen des Zuhörens zu schaffen. Sie bedarf einer Nähe (Nicht im Physischen), die uns häufig fehlt (Byung-Chul Han: Die Austreibung des Anderen). Alles muss also dahin untersucht werden, inwiefern das Zuhören ermöglicht werden kann.

Eine reichhaltige Plattform fürs Zuhören ist die bildende, gestalterische, geschriebene, performte et cetera Kunst (Auch wenn sie manchmal so laut ist, dass sie das Zuhören eher erschwert als erleichtert. Siehe die Auseinandersetzung des Törless mit Immanuel Kant bei Musil.).

Sie ist somit gar nicht passiv wie andere Ethikansätze, die häufig nur reagieren, sondern ist progressiv, eingreifend und vorwärtsgewandt. Aber sie ist frei von Systematisierung und Normierung.

Zuhören muss gelernt werden. Darin sehe ich ein großes Versäumnis der Schulen. In Schulen muss dies miteinander trainiert werden. Die Lernorte können gerade darin wundervolle Plattformen bieten. Aber weder die Institution, noch die Lehrer*innen, noch die Verwaltung hören zu. Dabei schreien Schüler*innen fast, werfen einem genau das vor und insistieren darauf, dass man sie bitte anhören solle (Siehe hierzu zum Beispiel: Bergman: Im Grunde gut; Abschnitt über die Reformschule, genannt „Agora").

Holgers Kunst ist Zuhören. Es ist ein polyaurikulares Zuhören, das sich dem Raum, den Besucher*innen, die nicht nur Besucher*innen sind, sich selbst, seiner Familie, Freund*innen und Gegner*innen, der Geschichte widmet und dies tatsächlich auch in dem Bestreben, diese verschiedenen Splitter in einem Tok aufzusammeln (Siehe z.B.: https://www.youtube.com/watch?v=jTAOqdA3gPU). Für mich ist Holger ein Hort der Meditation, ist mir ein Tutor, meine eigene Ethik zu verstehen.

Unsere Spazierklänge, vielmehr als dass sie das Spielen hervorbrachten, brachten das Zuhören nach vorne. Gerade der Lockdown hat dies befördert. Die Welt wurde von selbst stiller. Vor allem, wenn man sich abstöpselte. (Was im Deutschen das

„Abschalten" ist, ist im Spanischen das „Abstöpseln", das der angestrebten Seelenruhe viel näher kommt.) Die Welt ist voll von Tönen, aber wenn man quatscht, kann man sie naturgegeben nicht hören.

Spiel und Relevanz

Es ist bezeichnend, dass man beim Musizieren, wie auch beim Sportmachen zumeist von „spielen" spricht. In letzter Konsequenz erkenne ich darin eine Herabwürdigung, die einem gerade in dieser Pandemie wieder ins Gesicht gespuckt wird. Da wird der künstlerische Ausdruck zu einem Hobby deklassiert. Das dabei auch das freizeitliche Handeln herabgewürdigt wird, soll hier außen vor bleiben, ist aber Symptom einer enthumanisierten Wirtschaftsordnung.

Es ist wahrscheinlich kaum auszumachen, wer den Begriff „Systemrelevanz" hervorbrachte, aber von dem Zeitpunkt ab, da das Wort virulent wurde, musste sich jede Tätigkeit und, was bisweilen auch wirtschaftlich existenziell ist, jede berufliche Tätigkeit gefallen lassen, als nicht systemrelevant eingestuft zu werden. Im Verlaufe des ersten Jahres stellte sich dann auch heraus, dass als systemrelevant gilt, was eine große Lobby hat. Im Fokus stehen da im Besonderen die Automobilindustrie, die Fluggesellschaften, der Profi-Fußball.

Kunst, Kultur in allen ihren Ausprägungen zählt scheinbar hier nicht zu. Dies ist mit Sicherheit auch der Spiel-Idee geschuldet. Nehmen wir den Profisport, so scheint da aber ein Fehler aufzutreten. Hier kann uns das Englische weiterhelfen, in welchem es zwei verschiedene Begriffe von Spiel gibt: „play" und „game". „Play" bezeichnet dabei das ungerichtete, dem Wettbewerb ferne Ausprobieren und dem Amüsement gewidmete Tätigkeit vor allem bei Kindern. Bei „game" hingegen geht es um zählbare Ergebnisse. Game ist Wettbewerb oder Wettstreit. Die Kultur, so wird angenommen, spielt im Sinne des Play. Aus monetärer Sicht ist dies kaum nachzuvollziehen, bedenkt man vor allem, dass auch das Kino und überhaupt die Filmindustrie hier mit hineinwirken. Ferner werden damit die Synergie-Effekte auf andere Wirtschaftsfaktoren wie der Gastronomie, Hotellerie, dem Transport etc. vernachlässigt. Ferner wurde vergessen, dass die Unmöglichkeit, sich weiter selbst zu versorgen, systemrelevant ist.

Das Spiel im künstlerischen Sinne ist aber ein Verstehen, ein Reagieren, bisweilen auch ein Vorpreschen, ein Überlegen und Reflektieren, ein Verstehen, ein Neu-Ordnen.

Was also als kindlicher Ausdruck im Sinne des Plays in Erscheinung tritt, ist forschende Gesellschaftsarbeit. Dass vieles in der Kultur und Kunst verflacht ist, womit auch deren wirksamer Aspekt verleugnet wird, steht auf einem anderen Blatt. Dennoch kann auch diese - nennen wir es: -Alltagskunst Hoffnung und Kraft geben, kann Freude hervorbringen, zum Standhalten oder Durchhalten auffordern, Trauer auffangen, Gesprächspartner*in und Therapeut*in sein, sie kann einen ablenken und ja auch einlullen.

Holgers und mein Spiel im Besonderen (und wir kamen uns auch immer wieder wie Kinder vor) hatte stets etwas Ungerichtetes, Freies. Es war ein Experimentieren im freisten Wortsinne.

Dabei werden die Spielregeln stets neu verhandelt. Ebenso gilt dies für die Materialverwendung, die Bewegungsmuster und -formen, die Klangmöglichkeiten.

Opposition – Das Entgegensetzen

Die Corona-Pandemie (erster Lockdown März 2020) und die damit einhergehende Schutz-Politik wirft uns in eine Welt (In diesem Moment kann man mit lauter Stimme den Begriff der „Welt" verwenden. Er gleicht auf perverse Art der „Welt" in „Weltkrieg", aber auch der Welt der „Globalisierung" (Ich finde es entzückend, dass „Globus" von „Klumpen" kommt.), die der Welt, wie wir sie vornehmlich in den vergangenen 200 Jahrhunderten gestaltet, ja geschaffen haben, diametral gegenübersteht. Warum spreche ich nicht von „Weltordnung", sondern von „Welt". Das liegt an der Unbestechlichkeit dieser Ordnung, die keinen Blick von außen zulassen möchte.

Da die Pandemie als über unseren Köpfen hereinbrechendes Naturwunder („Katastrophe", „Krise") verstanden wird, spürt man allerorten die Reflexe des Festhaltens, Bewahrens und des Zurück. Damit wird die (wollen wir es einmal pathetisch ausdrücken) vor-pandemische Welt beschworen. Oft wird die Formel „Zurück zur Normalität" bemüht. Damit werden richtungsändernde Kräfte verdeckt bis verschüttet. Kräfte, die sich als Ideen, Entwürfe etc. äußern, die in der Pandemie deutlich unter der Decke des Status Quo hervorlugten.

Unsere Welt vor der Pandemie, die nach Aussagen einer großen Mehrheit auch die nach-pandemische Welt sein soll, ist geprägt durch Bewegungs- und einen nicht versiegenden Handlungsdrang (die in ihrer Allumfasstheit ungerichtet, unsinnig, fast hilflos wirken. Wir sind eben keine Ameisen oder Bienen.). Sich nicht zu bewegen, ist revolutionär. Nicht zu handeln, wirkt absurd und ist ein Akt der Aggression. So etablieren wir Mottos wie zum Beispiel: „Zeit ist Geld"; „Wer rastet der rostet"; „Das Leben ist kurz"; „das Leben verschwenden". Wir stoßen auf sie wie auf Naturgesetze.

Oft wird über den Menschen gesagt, er wolle immer mehr haben und besitzen. Ich hingegen meine, Menschen wollen mehrheitlich nicht stehen bleiben. Es geht bei Milliardären nicht darum, mehr haben zu wollen, sondern sie sind getrieben: „Wer bremst, verliert". Als ob sie auf rutschenden Abhängen stünden. Es ist unumgänglich, stets an seiner eigenen Entwicklung sowie an seinem eigenen Wachstum zu arbeiten. Hier wird oft der Kampfbegriff heraufbeschworen. Die Verluste, die man erleiden würde, sollte man doch mal stoppen oder nur die Bemühungen verlangsamen, sind vorab nicht taxierbar. Dabei ist entscheidend, dass je mehr ich „erreicht" habe, die Fallhöhe zunimmt. Die Verluste entziehen sich unserem Einflussbereich. Das ist wie ein Jump-and-Run-Spiel, bei dem man unablässig Münzen aufsammeln muss, von denen man nie genug haben kann. Viele Münzen bleiben dann doch am Wegesrand liegen, aber man kann ja nicht zurück. Die Figur bleibt auch nicht stehen, sie flitzt vorwärts, ohne dass man sie auch nur verlangsamen kann. Daher die Angst. Daher die sprachlichen Aussagen, die dem System eine Eigendynamik, ja quasi ein organisches Eigenleben unterstellen. Das System wird als unveränderliches Naturgesetz hingestellt. Der Mensch muss sich diesem also anpassen.

Unseren Blick auf den Menschen hat sich auf dieser Grundlage gebildet, dabei ist dieser zeitgenössische Mensch „künstlich" geschaffen worden. Erst ist ihm ein AktionsRaum und HandlungsSpielRaum gegeben worden und dann ist er, als wäre er eine hölzerne Spielfigur da hineingesetzt worden. Die Gestaltung unserer Umgebung ist gerade nicht vom Menschen ausgegangen. Jetzt aber gilt der Mensch als einer, der immer vorwärts streben möchte, der niemals anhält. Der Mensch wird dann als neugierig und wissensdurstig beschrieben. Dabei ist doch das Gehirn des Menschen eigentlich immer darauf aus, Energie zu sparen. Der Verstand ist so gestaltet, dass der Mensch versucht, möglichst rationell und effektiv zu handeln.

Verschiedene moderne Bewegungen nehmen genau diese Fehlausrichtung in den Blick. Sie streiten für das Nichtstun (Dazu gehört gesellschaftlich anerkannt, obschon es eher keine Bewegung gibt, auch der Hass auf das Arbeiten allgemein oder der Unwille zum Arbeiten, die Übersteigerung der Freizeit, eine überzogene Betonung des Freiheitswillens et cetera.), um dem Handlungsstress etwas entgegenzusetzen. Allerdings zu oft als begrenzte Tätigkeit in der Form eines Hobbies, aber in jedem Fall als Ausnahme. Deswegen werden sie auch in Extraräumen ausgeführt, in Fitnessstudios, Seminaren oder besser noch Workshops. Man soll ja nicht weltfremd sein. Darin ist die Zeit eng gestundet, eingefasst in Sinngebungs-Verfahren, wie es das Yoga, das Meditieren, das Joggen et cetera ist. Gleichzeitig merkt man auch schnell, dass der Mensch mit einem unstrukturierten Leben kaum etwas anzufangen weiß. Dann betrinkt er sich oder lässt sich anderweitig unterhalten. Er wirft sich in die Inaktivität und lässt sich wieder leiten. Dies ist aber wie gesagt lediglich ein gestundeter Gegenentwurf zu der Bewegung, die die Lebens-Erforderlichkeit fordert. Man spricht dann von „Auszeit", also einer Zeit, die wörtlich aus der Zeit herausgenommen ist. Diese „Auszeit" muss aber beantragt werden und bedarf der Erlaubnis. Das bedeutet nicht, dass diese Zeit nicht auch versucht wird, systemisch und ökonomisch nutzbar zu machen. Das fällt deutlich beim Hobby auf. Das Hobby muss produktiv sein. Es muss einen vorwärts bringen. Es muss Sinn erzeugen. Ein „Einfachmachen" gibt es nicht. So kann „Langeweilehaben" oder „chillen" kein Hobby sein. Eine Tätigkeit, die außerhalb eines Hobbies stattfindet, wird als nutzlos bezeichnet. Überhaupt suchen wir immer nach dem Sinn. Daher wird häufig auf die weiterführende Funktion als Erholung referiert, wenn nach dem Sinn einer Auszeit-Tätigkeit gefragt wird.

Man wolle seine Batterien wieder aufladen. Dass man sich damit maschinisiert, fällt nicht direkt ins Auge. Man wolle den Kopf frei bekommen, Kraft schöpfen. Man wolle einen Ausgleich schaffen, eine work-life-Balance sichern.

Das Chillen ist eigentlich eine revolutionäre Tätigkeit. Sie entsinnt die Freizeit. Aber sie kommt nur aus einer tiefen Erschöpfung hervor. So ist sie gänzlich leer.

Die Pandemie aber vielmehr noch die auf die Pandemie reagierende (Wir sollten den Begriff der Reaktion schwarz einfärben, da Reaktion das „Zuspät" in sich trägt.) Politik hat die auf Ökonomisierung ausgerichtete, vorwärts treibende Lebensform brüsk aufgehalten. Das sollte eigentlich unsere erste Erkenntnis sein: Der Lauf der Welt ist in unserer Hand.

Verfolgt man allerdings die Aussagen der Politiker*innen, so wird dieses Eingreifen wiederum als unnatürlich begriffen. Ironischerweise wird damit die Natur zur Unnatur, wenn man bedenkt, dass ein Virus das natürlichste der Welt ist. Viren sind für uns lebensnotwendig, so wie es auch Bakterien sind. (https://derarbeitsmarkt.ch/de/interview/mikroorganismen) Hier gibt es nun zwei Naturen. Gegen die eine setzt man sich zur Wehr und die andere beschwört man als lebenserhaltend. Hier tritt eine zweite und dritte Ironie-Ebene auf. Die Natur, die man überwunden und kontrolliert zu haben scheint, ist nicht nur unabdingbar in unser Sein eingeschrieben, sondern ist auch die Grundlage unseres Lebens insgesamt. Diese Natur ist auch die, die uns tötet. Auf der anderen Seite führten die politischen Maßnahmen dazu, dass sich wieder mehr auf Naturerfahrungen berufen wurde. Man geht spazieren, geht in den Wald, pflegt Pflanzen in Gärten und Balkons.

Die gesellschaftlich geschaffene Naturebene hat man nun gestoppt, als hätte man die Stechuhren angehalten. Dabei weiß man, dass die

Zeit nicht stoppbar ist. „Das Leben geht weiter", ob wir es wollen oder nicht. Nun haben wir da eingegriffen und sie zum Anhalten gebracht (Wiederum ironisch, dass sich das nicht als Machtgefühl äußert, sondern als Ohnmacht. So werden Formulierungen litaneihaft wiederholt, die die Unumstößlichkeit der Entscheidungen beschwören.). Daher zerrt und spannt es an allen Ecken und Enden. Unser sogenanntes Vorwärts ist brüsk zum Erliegen gekommen, obschon sich die Bedürfnis- und Versorgungs-Welt weiterdreht. Neben diesem vermeintlichen Stoppen der Zeit wird mit Bewegungsbe- oder einschränkungen operiert (Ausgangssperren, Bewegungsradius und so weiter). Damit bleibt der Drang, den wir zum Grundsatz des Menschseins erklärt haben, unbefriedigt.

Ältere Uhrwerke hatten bereits zuvor einen romantischen wenn auch belächelten Charme, da man selber bestimmt, wann man sie aufzieht. Ohne unser Hinzutun würden sie aufhören, vorwärtszuwandern. Sie gehen dann nicht mehr richtig, sagt man. Da sie uns nur als Werkzeug zur Erhaltung der Ordnung dienen, wird ihr Aufziehen in Konsequenz zur Pflicht. (Uhren überhaupt sollten einer genaueren Untersuchung unterzogen werden.) Warum haben wir die Uhren automatisiert? Weil der Optimierungsdrang uns Akkuratesse abverlangt. Die Akkuratesse, so wird suggeriert, ist aber von den einzelnen Menschen unabhängig, diese sind wiederum aber fehlerbehaftet. Die automatisierte wie auch über das Internet ferngesteuerte Uhr wird mithin zu einem Optimum erklärt. Der Mensch muss nun diesem entsprechen. Man könnte sagen, das Verhältnis hat sich verdreht. Einschneidend ist dann auch, das Getriebensein am Handgelenk zu tragen (Ferner hat sich die Anzahl der Uhren, die einen im direkten Umfeld umgeben vervielfacht.). Hier wird wieder ein Naturgesetz veranschlagt und gewissermaßen als Totschlagargument verwendet. „Die Zeit rennt" (Wenn ältere Leute sagen, dass die Zeit renne, ist dies eigentlich das Gefühl der

Ineffektivität, ein Gefühl, des Unproduktiv-seins.); „Die Zeit hält nicht an"; „Tempus fugit"; „Die Zukunft wartet nicht".

Die ungenutzte Vergänglichkeit dieser Zeit, die wir überobjektiviert (Kalender, Zeitzonen, Vereinheitlichung der Weltzeit) haben, wie auch unsere eigene Vergänglichkeit werden dämonisiert und als Limitation gewandet. Der Tod ist halt nicht produktiv (prōdūcere (prōductum) 'vorwärtsführen, (weiter) vorführen, ausdehnen, verlängern', kirchenlat. (in der biblischen Schöpfungsgeschichte) 'hervorbringen, erzeugen'; vgl. lat. dūcere 'ziehen, führen'). Der sterbende Mensch handelt in gewisser Weise entgegen der reklamierten Bewegung, er ist ein Störfaktor. Deswegen muss er auch rituell aufgewertet werden. Das letzte Hemd hat schon längst die Taschen erhalten, die es laut Sprichwort nicht zu haben habe. Auch der Tod kann ökonomisch genutzt werden. Im sogenannten Show-Business kann man dies deutlich sehen. Nie wird mehr verdient als beim Tod - oder besser gesagt: wegen des Todes. Auch kann man im strengen Sinne erst beim Tod der Künstler*in ihren (endgültigen) Warenwert absehen.

Außerdem wird mehr und mehr auch beim Tod dem Handelnden die Schuld für die Art und den Zeitpunkt des Ablebens zugesprochen. Wer stirbt, ist somit mitverantwortlich dafür, dass bestimmte Prozesse zum Stillstehen gekommen sind, dass Kräfte in Form von Trauer gebunden werden und Schaffenskraft abgelenkt wird, da sich ja um die Beerdigung und Dokumentation gekümmert werden muss. Familien, Freundeskreise, gesellschaftliche Runden müssen neu geordnet werden.

Deswegen automatisieren wir fortschreitend auch den Ablebensprozess. Aber dem Tod wohnt noch Romantik inne, die trotz seines störenden Charakters nicht kleinzukriegen ist. Aber es ist genau diese Romantik, die gemäß einer markttechnischen Effektivierung umgestaltet werden soll. Daraus entsteht eine derartige Verwaltungswelle, dass der eigentliche Tod unter dieser fast verschüttet wird. Trauer wird nur zähneknirschend und in ganz engem Zeitrahmen als Entschuldigung für Arbeitsunfähigkeit zugelassen. Trauerzeit muss aber beantragt werden.

Ähnlich stellen wir uns Krankheiten (zum Beispiel Covid) gegenüber. Sie sind, solange dies im Rahmen bleibt, ein zu ertragendes Stoppen.

Im ökonomischen Sinne zählt nur der gesunde Mensch. Nur so sei das Individuum wie auch die Gesellschaft als Ganzes produktiv, vorwärtsgewandt (Die Vokabel ist charakteristisch.), fortschrittszugewandt. Dabei wird kaum gefragt, warum man dies sein müsse.

In den sogenannten Einzeldisziplinen kann man das schnell beantworten. Ein Produkt, das man einmal hergestellt hat, offenbart mehr oder weniger schnell seine Defizite, die behoben werden müssen. Ein Forschungsergebnis wiederum offenbart immer seine Lücken, die geschlossen werden müssen. Ein Ziel, dass man erreicht hat, offenbart die noch nicht erreichten Ziele. In Summe entsteht das Bild eines Menschen, der immer nach mehr strebt.

Die Arbeitsfähigkeit während einer Krankheitsphase muss zu ihrem Limit getrieben werden (Schauen wir auf die internationale Situation, so können Krankheiten, ja selbst Schwangerschaften, auch Kündigungsgründe sein. Der kranke Mensch wird aktiv aus der Gesellschaft ausgeschlossen.). Es ist also nicht vornehmlich das Unwohlsein, das eine Krankheit mit sich bringt, dass uns dazu auffordert, diese möglichst schnell zu beheben, sondern krank zu sein, ist peinlich, es hält uns auf. Kranksein ist unproduktiv. Wird man krank, wird der Vorwurf laut, dass man sich auch hätte schützen können. Man hätte sich doch wärmer anziehen können, man hätte sich vor Ansteckung schützen sollen. Man hätte nicht rauchen sollen, besser essen sollen, man hat auf die falschen

Ärzt*innen gesetzt. Der/die, der/die sich krank meldet, zieht das Misstrauen auf sich. Entweder antwortet man darauf mit Scham oder mit einer Abwehrhandlung, aber nie mit einer Umkehr.

Die Krankheit ist erst dann als „Entschuldigung" anerkannt, wenn es wirklich nicht mehr anders geht. Die Krankheit stellt zwischen uns und unserem (produktiven) Alltag eine undurchdringliche Mauer, die es so schnell wie möglich einzureißen gilt. Dies suggerieren wir uns auch im Privaten. In der Bewertung der Krankheiten gilt der Erkrankte nicht nur als Leidtragender, sondern als Verantwortlicher (So hat sich in der Pandemie gar eine Corona-Scham ausgebildet.). Das passt zu anderen Opfer-Täter-Verdrehungen, wie beispielsweise bei Gewalt-Verbrechen jeder Art, bei welchen das Opfer nach dessen, dem Verbrechen vorausgehenden, Verhalten gefragt wird, um dieses danach zu untersuchen, inwiefern es das Verbrechen beförderte (Provokation, aufreizende Kleidung …). Was Krankheiten mit Verbrechen verwandt macht, ist die uneindeutige Kausalität. Das soll nicht heißen, dass ich das Verfahren, in welchem das Verbrechensopfer in die Verantwortung gezogen wird, befürworte, ganz im Gegenteil. Aber auch ein Verbrechen ist nie monokausal. Nur die klare Täter-Opfer-Zuschreibung wird gerade von Täterseite aus versucht, zu verwischen. Daher kommt es immer wieder zu diesem Fehlverhalten den Opfern gegenüber.

Nur werden sowohl Krankheiten als auch Verbrechen zumeist eindimensional analysiert. Deswegen wird ja auch jede Mit-Bürger*in unmittelbar zu einer Ärzt*in, sobald jemand von seinem Leiden berichtet (In der Corona-Pandemie bemerken wir dies im Besonderen, weil in sehr kondensiertem Maße, betrachtet man die ganzen selbsternannten Virolog*innen und Impf-Expert*innen und Politiker*innen, …). Sei es bei Verbrechen wie auch bei Krankheiten, die Aufnahme und Verarbeitung der „Leiden" ist gefährlich und menschenverachtend.

Die Erkrankte wird abgesondert, ausgesondert, fern gehalten. Sie soll diese Sonder-Situation möglichst allein überstehen, dann darf sie zurückkehren. Wir erkennen das gleiche Muster wie bei anderen „AbSonderlichkeiten": Behinderungen, psychische Störungen, Alter. Das Ziel im erkrankten Zustand ist die schnellstmögliche Überwindung, damit man wieder teilhaben kann (Bei den anderen Beispielen ist eine Überwindung nicht immer möglich, daher wird auch an effektiverer AbSonderung gearbeitet.). - Mit der Digitalisierung kann man in vielen Bereichen diese Ausfallzeit nochmals herabsenken. - Aber um welche Teilhabe geht es eigentlich? Wieder taucht der lange Schatten der Ökonomisierung auf. Schaut man gerade auf harmlose Krankheiten, unter denen ich hier die Krankheiten verstehen möchte, die uns nicht in besonders schwerem Maße immobil machen bzw. uns unser Bewusstsein nehmen oder aber eine sehr große Übertragungswahrscheinlichkeit haben, so ist das Fernhalten der Erkrankten ein Auswuchs eines glatten wie unflexiblen Gesellschaftsmodells, das nur funktionieren kann, wenn alle Mitglieder in vollem Umfang (was die Schnelligkeit, Effektivität, Leistung angeht) funktionieren. Krankheiten lenken ab (Schöne Metapher, die mich an einen Blitzableiter denken lässt.), sie machen unkonzentriert, lassen verschiedene Tätigkeiten schwerer oder unmöglich werden. Andere, also die Nicht-Kranken werden außerdem beeinflusst, sodass die Leistungsfähigkeit im größeren Kreis leidet (als wäre sie ein leidensfähiges Subjekt). Also bittet man den-/diejenige abwesend zu sein, ungeachtet der sozialen wie auch emotionalen „Folgen", die diese Abwesenheit hat. Das ist eine deutlich oberflächliche Sicht auf den Menschen. Für die Abwesenheit muss sich die Erkrankte schließlich sogar entschuldigen. In dieser Entschuldigung könnte man einen beiläufigen Amtsschritt verstehen, der „nur" eine kurzfristige Umstrukturierung der Arbeitsabläufe koordinierbar macht, aber die Terminologie verrät sich selbst. Man muss sich entschuldigen, als hätte man etwas verbrochen. Und die Entschuldigung wird schließlich auch in Akten und Statistiken aufgenommen, die den Menschen nochmals deutlicher zur Ressource machen.

Kranksein, vor allem wenn sie die ersten zwei Tage nicht überschreitet, wird somit zu einer subversiven Handlung. Ab dem dritten Tag gilt es dann zumeist, einen Arzt aufzusuchen, in schweren Fällen (wie beispielsweise hoher Krankheitsfrequenz) gar einen Amtsarzt. Die Regel des dritten Tages ist ebenfalls dem Ökonomisierung-Prozess geschuldet. Man möchte die Ärzte entlasten, man möchte ferner Druck auf die Kranke*n ausüben. Die Krankmeldungen in ihrem Umfang so auch in ihrer Frequenz werden archiviert und statistisch ausgewertet. In dieser Form erfahren die Krankheiten wiederum eine quantitative Bemessung aber keine qualitative Analyse.

Was aber würde passieren, wenn man sich bei ansteckender Krankheit aus sozialer Verpflichtung still zurückzieht? Was aber würde passieren, wenn man sich bei einer Krankheit, die einen nicht anderweitig teilnahme-unfähig macht, in Gesellschaft begibt, ohne darin produktiv sein zu müssen? Ich stelle mir vor, wie eine Kranke*r, die ja im Besonderen Zuwendung braucht, zur Arbeit geht, sich dort mit ihren Kolleg*innen unterhält, bespricht und weiter ein Teil der Gruppe ist. Vielleicht kann der Erkrankten auf diese Weise etwas über die Krankheit klar werden, vielleicht aber auch generell über sich selbst.

Vielleicht ist man auch einfach nur mit den anderen zusammen, ohne eine Aufgabe welcher Art auch immer zu erledigen („ledig": frei; unbehindert; unverheiratet; müßig; leer), sondern einfach nur so.

Mir geht ein wundervolles Lied durch den Kopf, das das grundlegend Menschliche in den Fokus bringt: Das Einheitfrontlied (canción de la front unida). Ich würde ihm gern eine Strophe hinzufügen.

Krankheiten geben uns die Möglichkeit, uns und die Einflüsse auf uns zu reflektieren. Krankheiten sind uns ein sehr spezifischer und genauer Spiegel. Wir in unseren Umständen sind Ursprung und Angriffspunkt der Krankheiten. Darin übernehme ich gewissermaßen die Marktsicht, nach der man in gewissem Umfang auch Verantwortliche*r des eigenen Leidens ist. Bei der Eigenverantwortlichkeit möchte ich nicht über die in Labors gezüchtete Krankheiten sprechen, obschon dies auch bedenkenswert ist. Verantwortlich sind vornehmlich die Lebenssituation, die Lebensumstände, die Lebensumgebung, die Lebensumwelt, die Lebensführung. Genau aufgrund dieser Vielfalt braucht es der Muße, der Langsamkeit (Siehe das Essay zur Langsamkeit), um tatsächlich gesund zu werden.

Vielleicht muss der kranke Körper (auch der Sozialkörper) die Umgangsform mit verschiedenen Stoffen klären. Dieser Klärungsvorgang kann sich uns als Krankheitssymptom offenbaren. Dies gilt ebenso für mentale Zustände. So könnte beispielsweise etwas in Unruhe geraten sein, was über eine bestimmte Krankheit in das Bewusstsein dringt (Die Zunahme der Anerkennung psychosomatischer Erkrankungen hat leider im Allgemeinen nicht zu einer Anerkennung geführt, sondern eher zu einer Stigmatisierung ihrer vermeintlichen Unnötigkeit.). Vielleicht braucht Kopf und Geist auch einfach nur eine Pause. Braucht ein Innehalten. Alle diese Attribute wie auch ihre Verwandten, die ich hier zu Beschreibung sogenannter Krankheiten verwendet habe, werden in der öffentlichen Diskussion gleichsam für die Aufdeckung sozialer Missstände verwendet: Unklarheit, Unruhe, Reibung, Stillstand. Ebenso charakterisieren sie eine nicht funktionstüchtige Maschine.

Nehmen wir ein billiges Beispiel: Wenn eine Krankheit über den Atem übertragen wird, dann kann dies natürlich nur dann passieren, wenn es diese Übertragungsmöglichkeit gibt. Käme niemand mit dem Atem eines anderen in Kontakt, wäre die Übertragung nicht gegeben. Höchstwahrscheinlich gäbe es daher diese Krankheit nicht. Damit sind Krankheiten gleichzeitig Spiegel der Gesellschaftsform sowie Indikatoren für Missstände. Natürlich kann darin auch eine noch defizitäre Naturbeherrschung gesehen werden, was die Argumentation aber nicht zu widerlegen weiß. Die Krankheit ist dabei aber nicht immer Symptom einer in sich selbst krankhaften oder deformierten Gesellschaft, sondern kann auch in einem zugewandten Umfeld entstehen. Zuneigung und emotionale Nähe kann Krankheiten befördern, wie wir aus meinem gewählten Beispiel eindeutig hervorgeht.

Um Ausbreitungen oder Ansteckungen zu verhindern, oder einen schonenderen Verlauf zu gewährleisten, müsste man mithin Details der Lebensform, oder die Lebensform insgesamt ändern, oder aber man umarmt die Krankheiten und nimmt sie als Teil unseres Lebens genauso wie dies beim Tod möglich wäre. Dies kann gerade in der Anerkennung der Krankheit als Lackmustest geschehen. So führt uns die Krankheit zu einem besseren Selbstverständnis. Sie kann Kräfte wecken, um nicht die Krankheit selbst, sondern die sie auslösenden Missstände zunächst zu spüren oder zu verstehen und sie dann gegebenenfalls zu überwinden, zu umarmen oder hinzunehmen. Darin wird nicht nur die Krankheit „angegangen", sondern gleichsam auch die „Welt" reflektiert. Menschen sind aber keine fragmentarisierten Wesen. Im besten Sinne sind die Menschen mehr als die Summe ihrer Teile.

Die Lockdown-Restriktionen werfen uns die Maschinisierung unserer Lebensumstände mit voller Wucht ins Gesicht. Die Pandemie als Krankheit ist wie Sand im Getriebe.

Dabei ist (aus deutscher Sicht) eine deutliche Entwicklung in den nunmehr drei Lockdowns (es ist übrigens kein Wunder, dass ein Begriff gewählt wurde, der negativ konnotiert ist, der aus dem Zusammenhang des Gefängnisses kommt. Auch kein Wunder, dass im Deutschen ein Englischer Begriff genutzt wurde, um dessen Unumgänglichkeit zu verstärken.) zu beobachten. Während der erste Lockdown alles zum Erliegen brachte, was mit sozialem Kontakt einher gehen musste (Einigen Tätigkeiten wurde zur Rechtfertigung ihrer Ausbeutung die Systemrelevanz vorgeworfen.), beinhalteten die Lockdown-Beschränkungen später mehr und mehr den privaten – gefährlichen – Bereich. Arbeiten in jeglicher Form wurde ermöglicht, ja sogar geboten. Natürlich wurde da freundlichst auf Abstand geachtet, unnötige soziale Kontakte sollen vermieden werden. Warum ist übersehen worden, dass Kontakt lebensnotwendig ist?

Und so verlieren auch die socialMedia-Kanäle, die sich nun als weder sozial noch wirklich verknüpfend beweisen, ihre Bedeutung: Gerade auch in ihrer ins unendlich gesteigerten sinnstiftenden Verwendung. Diese Kanäle (auch ein vielversprechender Begriff) verweisen uns immer auf Anderes. Das tun sie in Zeiten ohne Kontaktbeschränkungen auch, aber diesen Zeiten haben sie eine wortwörtliche Virtualität. Das Gezeigte bleibt möglich. Jetzt, da sie wichtiger zu werden scheinen, entzweien sie uns im wahrsten Wortsinne. Uns werden Möglichkeiten aufgewiesen, die tatsächlich nicht möglich sind. Auch bleiben zukünftig unmöglich, da wir noch immer nicht wissen, welche Folgen (Spätfolgen) dieser Lockdown haben wird.

Diese Kanäle bieten kein anderes Leben an, sondern können nur auf ein Durchhalten verweisen. Sie sind auf eine Vermöglichung angewiesen. Orientierung bieten sie nicht.

Die Maßnahmen zur Eindämmung der Pandemie haben ein Innehalten bewirkt. Hier ist eine klare Ursache-Wirkungs-Relation erkennbar. Es war weder das Virus, noch der Wille der Menschen, es waren die politischen Versuche. Nun ist das Innehalten zunächst ein äußerer Zustand. Und man merkte direkt die Spannung, die dadurch bei den Menschen entstand. Denn Innehalten ist ja zuvor verpönt gewesen. Nun werde ich angewiesen, gegen ein Naturgesetz zu handeln, nämlich das Naturgesetz, dass ich etwas schaffen will. Die Menschen sind auf einmal auf sich selbst zurückgeworfen und das tut weh. Und fühlt sich falsch an. Und darum wölkt sich schließlich auch die Sprache. Die Sprache wirft sich auf die Überwindbarkeit der Pandemie, die sich ungeregelt (wild) verbreitet, dabei ist es gar nicht die Pandemie, die uns einschränkt und schon gar nicht verbreitet sie sich von allein. (Hat der Mensch endlich wieder ein Feindbild?) Jetzt gehe es um durchhalten, aushalten, stark sein. Es geht um Ein- und Beschränkungen. Es geht um den Freiheitsverlust. Wenn man dieser Freiheit auf den Grund geht, wird einem schlecht. Denn diese speist sich doch grundsätzlich aus dem Verbrauch von Ressourcen, der Ausbeutung der Natur und der Menschen. Die schwerwiegenden ja existenziellen Beschränkungen werden kaum in den Fokus genommen.

Es geht hier nicht darum, die politischen Maßnahmen, die da sind: Kontaktverbot, Ausgangssperren, weitreichende Schließungen wirtschaftlicher, sportlicher und kultureller Einrichtungen, zu kritisieren. Gehen wir mal davon aus, dass sie notwendig und richtig bemessen sind. Nur eins dazu: Man kann nun deutlich die Durchökonomisierung des Kunst- und Kulturverständnisses erkennen. So stehen nicht das Kulturschaffen und somit die Pandemie als künstlerische Chance im Mittelpunkt, sondern die monetären Verluste. Natürlich wird auch immer wieder beschworen, dass die Kultur gerade in der „sozialen Isolation" der

Lockdowns eine große Rolle spielt, aber im Hintergrund steht die klamme Angst der Ohnmacht. Dabei sollte doch gerade das Kulturschaffen dagegen gestählt sein. Die Angst folgt natürlich der Litanei, dass jetzt keine Zeit fürs Spielen ist. Nun sei es wichtig, das Rad in Schwung zu halten. Die Antriebswelle wird aber eher in der produktschaffenden Industrie gesehen. Und dies mit besonderem Bezug zu dem Produkt und nicht zu den bedürftigen Menschen. Daher auch die Angst, die die Kinder und Jugendlichen umtreibt und die unsere Schulen nicht aufzufangen oder sogar zu mildern wissen. Vielmehr machen sie sich mitschuldig, drehen kräftig mit an der Welle.

Dabei wäre es genau jetzt an der Zeit, denn diese ist uns eben im Sinne des Innehaltens geschenkt worden, über unsere Lebensführung, unsere Werte, unsere Wünsche aber auch unsere Freiheit zu sprechen. Wir könnten jetzt lernen, uns zu spüren. Wir könnten auch lernen, die Anderen zu spüren, oder neu zu spüren. Wir könnten lernen, der Natur, unserer Natur, mehr Aufmerksamkeit zu schenken. Wir könnten uns neu ausrichten. Aber vor allem könnten wir wirklich innehalten. Einfach mal nichts tun. Wie fühlt sich das an?

Unsere Spazierklänge dienen gerade dem Versuch, eine Neuausrichtung zu finden und zu etablieren. Im Gleichen ist es der Versuch, das Nichtstun zu verstehen und zu wollen.
Die Resultate sind die hier vorliegenden Texte. Was wir den Leser*innen in Textform leider nicht transportieren können, sind die vielen Versuche im Wald und der Natur.
Wir haben unsere Ausflüge bewusst aus dem Zeitrahmen herausgenommen (Daher musste das Projekt mit Ende der strikten Lockdowns ein Ende finden.). Es war vielmehr unsere Kraft, unsere Energie, unsere Inspiration, die einen Ausflug beendeten. Vielleicht

auch mal das Sonnenlicht. Somit konnten wir langsam sein, still, aber auch ekstatisch, laut und wild. Vielmehr verließen uns diese Attribute. Wir haben uns davon befreit.

Darin entwickelten wir neue Begriffe zur Kunst, Performance, Kultur und der allgemeinen Lebensführung. Wir spürten die Kraft, die in diesen steckt, die aber nicht produktiv ist. Die auch nicht produktiv sein muss. Erst in dieser Freiheit können sie ihr volles Potenzial spürbar machen. Jetzt werden sie zum Ausdruck: unserer Gefühle, unserer Sicht auf das Leben und die Welt. Jetzt erst können sie einen wirklichen, weil undringlichen wie auch unbedrängten Diskurs führen. Ferner lösten wir in dieser besonderen Episode unseres Lebens die Grenze zwischen Rezeption und Produktion auf. Auch lösten wir die fadenscheinige Grenze zwischen Kunst und Leben auf. Das Spazieren war genauso ein performativer Vorgang wie das Trommeln und genauso wie die anderen Ausdrucksmittel, derer wir uns bedienten. Wir fühlten uns ehrlicher, realer, richtiger.

Wir rissen für uns als Freunde aber auch für uns als Philosophen und Kunstverständige noch weitere Grenzen ab: die zwischen Lehrer und Schüler; die zwischen Übung und Performance; die zwischen fertig und unfertig; die zwischen gut und nicht gut; die zwischen drinnen und draußen; die zwischen musikalisch und unmusikalisch – überhaupt haben wir Grenzen der Musik eingerissen, haben uns gelöst von Time, Technikvorgaben, fertigem Instrumentarium, Tradition, Pattern... Das ist sehr belebend. Mit einem Mal können wir unverkrampft sein. Diese Barrierefreiheit ist sehr nachhaltig. Sie nimmt die Furcht, falsch zu sein. Aber sie nimmt auch die Verpflichtung, etwas zu sein.

Bei: Mühlheim - Regen

Es regnet. Oder tröpfelt. Bei der Beschreibung des Regens wird die Kunst und Kraft der Sprache deutlich. Wie auch beim Urinieren. „Es regnet" ist eine inhaltslose Sprachblase. Es tröpfelt, gießt, plätschert, nieselt, wie Strippen, schifft, pieselt, plattert, wie aus Eimern, wie verrückt, platscht, in Strömen, cats and dogs, llueve a cántaros. Die Bilder werden direkt mitgeliefert. Man sieht sich durchnässt auf einem Feldweg stehen. In den Pfützen springt das Wasser. Die Kälte zieht die Beine hoch. Die Tropfen prasseln auf den Kopf. Oder auf einen Schirm. Es wird laut. Gespräche ersterben aufgrund dieser unwirschen Störung. Oder sie werden laut, um die Umgebung zu übertönen.

Und der Wind weht. Der Wind würde uns fremd vorkommen, hörten wir ihn nicht. Oder wir fühlen uns sicher, weil unsere Fenster und Wände diese Naturkraft fern halten. Dann können wir ihn zwar sehen, aber wir spüren ihn nicht. Und hören ihn auch nicht, oder nur als eine Art entferntes Echo. Erst das Hineingehen in den Wind, wenn er an unserer Kleidung, unseren Haaren, unserem Körper und irgendwie auch an unseren Gedanken zerrt, macht ihn wirklich oder präsent.

Unsere Spaziergänge sind Formen der Meditation. Wir versuchen uns tief einzulassen auf das, was ist und geben dann aber unseren Senf dazu. Es ist eine Form des Innehaltens. Holger hat schon mehrfach betont, dass unser Projekt wahrscheinlich die Corona-Krise benötigte, um geboren zu werden. Vielleicht ist es so, obwohl ich das bestreiten möchte. In jedem Fall hat uns die Ruhephase, die in unseren Jobs Einzug hielt, das Fundament für unsere Spaziergänge geliefert. Aber die Haltung hatten wir (er vor allem) schon vorher entwickelt. Musikalisch-klanglich musste etwas passieren. Ebenso ging der Unterricht, den ich zunächst bei ihm genoss, genau in diese Richtung. Es ging stets darum, alte Schemata zu durchbrechen. „Spiel mal falsch, Volker!", sagte er.

Jetzt stehen wir im Regen, also beinahe stehen wir im Regen; es ist mehr so ein Tröpfeln oder so... Aber ich hatte mich ja auch erfolgreich geweigert, im wirklichen Regen hinauszugehen. Und nu sind wir also in der Regenhaut unter diesem Tröpfeln. Mit Mützen. Es ist auf einmal kalt geworden. Aber beeindruckender ist der Wind. Der Wind macht selber kein Geräusch, aber er ist sein Auslöser (Licht wirft keinen Schatten, aber ohne Licht kein Schatten. Danke an meine Mentorin Sabine, die mir diesen Satz mitgegeben hat.). Die Pappel rauscht. Die tausend Blätter (ich denke an Laotse: die zehntausend Dinge). Dies ist auch das einzige Video, das an diesem Tag entsteht. Holger filmt die Blätter. Er spricht in sein Handy, das Handy tippt für ihn. Es macht kein Geräusch. Wir spielen mit dem Wasser. Auf der Brüstung am Rhein haben sich Mini-Pfützen gebildet. Unter den wischenden oder schlagenden Bewegungen der Brushes spritzt es weg. Man hört leider das Plitschern der kleinen Tropfen, da, wo sie hinfallen, nicht mehr.

Ein Tanker übernimmt die Klangsphäre. Ich werde leiser, Holger intensiver. Ich werde sanft, Holger wird ein wenig holprig, wild, nachdrücklich. Der Tanker bleibt im Vordergrund. Wir sind nicht geduldig genug, um einen Moment abzuwarten, der nicht tankerdurchzogen ist.

Die Luft ist geschwängert. Ich lehne die Formulierung gleichsam ab, wie ich sie befürworte. Schwangerschaft läuft bei normalem Verlauf ohne weiteres Zutun auf eine Geburt hinaus. Diese Klangsphäre gebiert nichts aus sich heraus. Anders als die *Naturgeräusche* stülpt sie über, ergreift, reißt an sich. Wir befinden uns wie in einem Dreieck aus maschinellen Klängen, die in ihrer Intensität und Beständigkeit eine Form von Tinnitus erzeugen. Sie ziehen die Aufmerksamkeit auf sich, obschon die Spaziergänger*in meint, sie ausblenden zu können. Ich stelle mir das im Gehirn brutal vor. Da gibt es einen Sinneseindruck, der sich im wahrsten Sinne des Wortes vordrängt, aufdrängt, eindrückt und das Gehirn arbeitet nun nicht daran, sich an ihm zu orientieren, die Welt mit ihm zu integrieren, sondern ihn irgendwie auszuschalten, zu entfernen, hinfortzuschieben. Das Gehirn arbeitet daran, eine Stille herzustellen, die es de facto nicht gibt. Die Stille des maschinenumwölkten Menschen ist ein beständiges Brummen und Quietschen. Aber es ist nicht das sanfte Brummen, das vielleicht John Cage gehört haben mag. Der hielt inne, entfernte sich bewusst und fand damit eine sensorische Stille, die ihn darauf stieß, dass die Stille als tonloses Phänomen nicht existent ist. Sein 4:33 ist auch künstlich. Es erfordert einen ganz bestimmten Raum, ist damit auch Performance.

Merkwürdigerweise kommt es uns nicht invasiv vor, dass wir unsere Ohren beständig mit Zeugs zukleistern. Niemand käme auf die Idee, sich ständig mit grellem Licht zu blenden, sondern wir dimmen die Sonne, sollte sie zu stark sein, machen es den Augen in gewisser Sicht angenehm, auch in der Nacht zu sehen.

Holger sagte anderntags (Witzigerweise an einem nicht-musikalischen Spaziergang, der dann doch irgendwie musikalisch wurde. Dabei ging es nur um Bier.), warum gestaltet man die Umgebung so wenig mit dem Blick darauf, welche Klangeigenschaften die Konstruktionen haben werden? Die Einwände vorweggenommen. Es geht bei der Idee nicht so sehr darum, einen Raum mit guten akustischen Eigenschaften herzustellen, sondern den Raum selbst als Klangobjekt zu verstehen (Siehe: der transformierende Raum). Es geht nicht darum, den röhrenden, bollernden Heizkessel nicht in den Haupt-Wohnraum oder das Schlafzimmer zu stellen, sondern ihn irgendwie passend zu gestalten. Was als passend gilt, muss dabei jeweils ausgehandelt werden. Jetzt, da wir einer Energiekrise entgegen streben, könnte es ja gar sinnvoll sein, den Heizkessel auch akustisch präsent zu haben. Vielleicht sollte sein Anspringen deutlich hörbar sein. Aber welchen Laut sollte er machen?

Siehe Murray Schafers „the tuning of the world" von 1977. Er machte den Begriff „soundscape" bekannt. Er forderte ferner eine bewusste Klanggestaltung von Dingen und Momenten ein.)

Dabei ist die Raumgestaltung selbst in gewisser Weise dem Klang zugeordnet. Das Kinderzimmer ist halt nicht das Arbeitszimmer. Das Wohnzimmer muss klanglich gedacht die Möglichkeit für einen Fernseher und die gute Anlage haben, die Küche darf gern geschlossen werden, damit der Mixer nicht zu hören ist. Dabei hat das leichte Blubbern der Kaffeemaschine auch etwas Beruhigendes. Aber man kann die Tür ja auch gern geöffnet halten. Nur muss sie immer geschlossen werden können. Abgesehen davon, dass dies auch ästhetischen und hygienischen Erfordernissen geschuldet ist, dient dies doch auch der Schaffung einer Klangsphäre, in der man den verschiedenen (getrennten – scheinbar getrennten) Tätigkeiten nachgehen kann. Ich stelle mir einen Raum vor, in dem man alles macht. Hier gerade würde uns das, was wir olfaktorisch und akustisch wahrnehmen, stören.

Warum gestalten wir die Welt überhaupt so, dass sie stört. In einem wie auch immer gedachten Naturzustand würde die Welt nicht stören. Sie wäre vielleicht unfreundlich, unwirtlich, aber sie würde nicht stören. Aber man würde auch nur eine Sache zu ihrer Zeit machen.

Jetzt aber trennen wir. Nun aber wollen wir den Essensgeruch, der uns gerade noch das Wasser im Mund zusammenlaufen ließ, nicht im Wohnzimmer haben, geschweige denn den Toilettengeruch jedweder Couleur, den man schon im Badezimmer unangenehm findet. Und nun stelle man sich auch die Verknüpfung von Toilette und Küche vor, und der Schweißgeruch des Abends. Dazwischen hängen noch Wolken eines frischen wie auch abgestandenen Duftstöffchens. Vielleicht hat man auch eine Grünpflanze aufgestellt. Die Möbel sind nur teilweise aus mehr oder weniger frischem Holz und ansonsten aus zerfallendem Kunststoff. Ach, und die Heizung. Unklar war mir immer, warum sich Menschen diese stinkenden Potpourris ins Zimmer stellen. Der olfaktorisch einheitliche Raum (Bernhard: Korrektur).

Der akustische Raum soll ebenso getrennt sein: Waschmaschine, Zähne putzen (manuell oder elektrisch), lesen, Musik, Küchengeklapper, Schritte, urinieren, meditieren. Mit der Raumtrennung geht auch die Zeittrennung und lange auch (wir meinen dies überwunden zu haben, was ein fortschrittsgläubiger Witz ist.) die gesellschaftliche Trennung einher. Um 13:00 Uhr geht die Köch*in in die Küche zum Essen zubereiten.

Jetzt hat die Küche einen eigenen Klang. Und das Bad, und das Schlafzimmer (dessen Klang man ja scheinbar nicht wahrnimmt, da man ja schläft, und doch schaut man sich das Zimmer an und empfindet es auch klanglich zum Schlafen geeignet). Man macht dann die Türen zu, die ja weniger Raumteiler als Klangteiler sind, wenn man bedenkt, wie oft die Türen offen stehen bleiben, wenn es im Nachbarraum still oder warm und nicht zugig ist.

Wir trennen also, dabei hätten wir die Möglichkeit, die Klänge zu gestalten, doch zumeist ist das Einzige, um das sich gekümmert wird, die Lautstärke. Aber wie würde ein Mixer klingen, der sich in die Atmosphäre des abendlichen Lesens einschmeicheln könnte? Der heutige Mixer tut es nicht. Aber warum mixen wir dann mit ihm? Wir stellen uns halt vor, dass er nicht zum Lesen gehört. Dabei trinken wir doch dann beim Lesen.

Bestimmte Geräusche lassen wir zu (und darin ist schon die Negativität dessen, dass sie überhaupt existent sind, mitgedacht) und bestimmte Geräusche können wir nicht umgehen (Das Flugzeug fliegt nun Mal hier.).

Warum gestalten wir nicht Waschmaschinen, die nicht auf die beste Funktion ausgerichtet sind, sondern auf klangliche Eigenschaften? Oder im Hinblick auf eine ganzheitliche Harmonie. Gerade bei Wäsche muss ja auch das taktile und olfaktorische mitgedacht werden.

In der modernen Architektur haben wir die Bereiche getrennt, als gäbe es eine Trennung. Natürlich gibt es integrierte Küchen, offene Schlafräume, aber es gibt eben Küchen und Schlafräume. Wir haben uns damit getrennt. Wie wir auch anderes trennen.

Und nun meinen wir sogar, dass wir die Geräusche von uns trennen können. „Ich habe das gar nicht wahrgenommen." Ja, man hat es nicht wahrgenommen. Das heißt aber nicht, dass man es nicht gehört hat. Das Geräusch war da und man hat es auch gehört. Man meint, es ausgeblendet (visueller Begriff) zu haben. Den Menschen machte es lange Zeit aus, genau dies nicht zu tun, sondern alles wahrzunehmen. Das war eine Überlebensstrategie. Jetzt brauchen wir das zu einem Großteil nicht mehr, also blenden wir es aus. Damit kriechen allerdings Geräusche in uns, die eigentlich Gefahr bedeuten. Das rasselnde, dröhnende, krietschende Vorwärtsschieben der Tram zum Beispiel. Das sirrende, dumpfe Walken der Autoreifen auf dem Asphalt. „Das habe ich nicht kommen sehen", bedeutet zumeist, dass man es halt aktiv ausgeblendet hat.

Darin steckt eine verschobene Sicht auf das gute Leben. Das gute Leben stellen wir uns vor, ist schnell, zügig, bequem, flexibel. Aber wir stellen es uns nicht als harmonisch im wahrsten Wortsinn vor.

Vereinigung von Entgegengesetztem zu einem Ganzen, innere Geschlossenheit, Ebenmaß. In unserem Leben trennen wir. Wir sehen weder uns selbst noch uns als Gruppe oder Gemeinschaft als Einheit. Wir trennen auch unsere Sinne. Was wir sehen, muss nicht gut klingen oder sich anfühlen. Nur in den Momenten, in denen wir innehalten, fügen wir vermeintlich alles zusammen. Ein romantisch-gemütlicher Abend wird harmonisch gestaltet, indem das Licht (meist gedimmt oder noch besser mit Kerzen) zuvor eingerichtet wird, es wird leise geschmeidige Musik aufgelegt oder ein Platz gewählt, an welchem es ruhig oder gar still - aber meist ruhig - ist, es wird sich um gute Belüftung gekümmert (Die meisten gehen dafür zu einem Ort, der ihnen dies einrichtet so wie ein Spa, ein Restaurant oder Ähnliches.). Jetzt aber ist es nicht mehr natürlich, es ist ein gekünsteltes Aussteigen aus unserer eigentlichen Sphäre. Dann machen wir wieder weiter. Diese Trennung entfremdet uns in vielerlei Hinsicht. Sie wird gleichsam zu einem Maßstab hochstilisiert, der die Welt ordnet und erhält somit das Prädikat „gut".

Als wir das erste Mal darüber sprachen, standen wir auf einer metallenen Brücke in Longerich (Wir erfuhren davon, dass wir in Longerich waren, in einem Gespräch mit zwei Passanten.). Die Brücke hat wundervolle Klangeigenschaften. So ist sie zwar grundsätzlich aus nur einem Material gebaut, dieses ist aber in unterschiedlicher Form und Stärke zu einem Geländer, einem Handlauf, dem Gehweg, Pfeiler geformt (Auffällig sind auch die hochgezogenen Spring-Schutz-Mauern. Soll damit auch verhindert werden, dass von den selten vorbeifahrenden Zügen nichts auf die Brücke fliegen kann?). An wenigen Stellen sind Schlösser als Liebessymbol angekettet. Diese verschiedenen Formen bieten ein wahres Potpourri (Da ist es wieder…) der Klangvielfalt. Außerdem hat sich Holger noch in den Gepäckträger seines Fahrrades verliebt.

„Der klingt wie ein elektronisches Schlagzeug." Die Brücke ist ein viel genutzter, praktischer Passantenüberweg. Unter ihr ist der Bahndamm. Die Bahn fährt zum Glück oder leider nicht mit Kohle. Die Brücke klingt wunderbar. Voll und bassig klingen die Schritte der Passanten, leicht erklingt das Wischen oder Pochen der Hände am Handlauf. Fahrradreifen erzeugen ein rollendes anschwellendes und abschwellendes Crescendo. Wir lassen uns auf der Brücke nieder, quatschen lieber als dass wir spielen, genießen die Ruhe, das Bier.

Auf unserem heutigen Spaziergang im Tröpfeln in Mühlheim war keine Stille. Es waren wenig Menschen unterwegs und das stimmte gar nicht. Sie saßen nur diesmal in Autos. Und in der Tram und auf viel zu großen Booten. Die Mühlheimer Brücke fungierte hierbei wie ein Resonanzbogen.